2주 만에 끝내는

퀵 토익 스피킹 입문

IM-IH

김소라 저

PUB

머리말

글로벌 역량과 어학실력을 대변하는 시험으로 자리매김한 토익스피킹(TOEIC Speaking)은 비즈니스 회화 능력을 우대하는 대부분의 국내 우수의 기업과 단체에서 인재 선발 기준으로 활용되고 있습니다. 또한 취업 후에도 소속 기업 내 진급 등 경쟁력 재고를 위한 필수 시험으로 각광받는 만큼 응시 인원은 꾸준히 증가하는 추세를 보이며, 시의성이 높은 주제들을 비롯한 출제 범위도 다양해지고 있습니다. 따라서 실제 시험과 가장 유사한 문제들을 풀어보며 짧은 제한시간에 대응하기 위한 파트 별 전략을 사전에 구축하는 것이 빠른 목표 등급 취득을 위한 유일한 지름길입니다.

이 책은 다년간 정밀히 분석한 출제 경향을 기반으로 파트 별 빈출 유형들만 엄선하여 처음 시험 준비를 하는 수험자들도 보다 효율적인 시험 대비가 가능하도록 만들었습니다. 많은 수험생들이 정확한 평가 방식과 출제 동향에 대한 정보 접근이 어렵기 때문에 많은 서적과 강의만을 참고하고 있어 시험의 우선순위를 알지 못하는 것이 늘 안타까웠습니다. 물론 모든 지식과 학문은 피와 살이 된다 하나, 머나먼 길을 우회하여 결국 시험에서는 아무런 영양가가 없는 학습 악순환을 타파하고자 효율적이며 체계적인 학습법에만 집중하여 이 책을 집필하였습니다.

시험일정에 쫓겨 당장 내일 영어를 유창하게 구사하겠다는 실현 불가능한 목표는 지금 내려놓으시고 급할수록 이성적으로 사고하며 공부하시길 바랍니다. 책을 펴고 불경을 외우듯 기계적으로 암기만 하는 학습법은 더 이상 현대 수험 대비 트렌드에 맞지 않습니다. 지금 이 책을 암기하더라도 왜 해야 하는지, 무엇을 위해 필요한지 여러분들 스스로 이해하며 체득할 수 있는 과정이 되길 간절히 바랍니다.

수험생들 각자의 필요에 따라 많은 도움이 되는 수험서가 되길 바라며 고생하는 수험생들의 노고를 덜어드릴 수 있도록 언제나 연구 개발에 전력을 다할 것을 약속하겠습니다. 모든 분들이 공부하신 만큼 큰 결실을 거두시기를 바랍니다.

저자 김소라

TOEIC SPEAKING

토익 스피킹이란?

TOEIC Speaking 시험은 전 세계적인 근무환경에 적절한 내용으로 구성되어 있으며 업무와 관련된 상황 혹은 일상생활에서 수행해야 할 과제를 포함한다.
주로 영어권 원어민이나 영어에 능통한 비원어민과 이해하기 쉬운 말로 대화할 수 있는지 또는 일상생활 또는 업무상 필요한 대화 시 필요한 말을 적절하게 선택하여 사용할 수 있는지를 측정한다.

시험은 어떻게 구성되어 있을까?

내용 / 파트	문제 유형	문항 수	답변 시간
Questions 1-2	Read a text aloud (문장 읽기)	2	각 45초
Questions 3-4	Describe a picture (사진 묘사하기)	2	각 30초
Questions 5-7	Respond to questions (듣고, 질문에 답하기)	3	Q5–Q6 : 15초 Q7 : 30초
Questions 8-10	Respond to questions using information provided (표 보고 질문에 답하기)	3	Q8–Q9 : 15초 Q10 : 30초
Questions 11	Express an opinion 의견 제시하기	1	60초

시험 당일 준비 TIP!

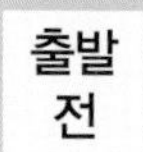

시험 약도를 확인합니다.
입실 시간에서 10분이 지나면 입실이 금지되므로 시간을 도착 시간을 꼭 지킵니다.
주민등록증, 운전면허증, 여권 등의 규정 신분증을 지참합니다.

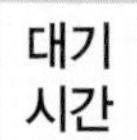

수험 번호를 정확하게 확인합니다.
대기실에서 자신이 약한 파트의 모범답변을 보고 소리 내어 읽으며 긴장을 풉니다.
헤드폰과 마이크 음량 조절을 철저히 합니다.
신분 확인용 사진 촬영 시, 사진 안에 자신의 머리와 어깨가 나오는지 확인합니다.

시험 시간

자신의 페이지를 유지하며 파트 별 정해진 답변 시간을 가능한 채워서 답변합니다.
파트의 답변 시간이 끝나면 바로 다음 파트가 시작됩니다. 당황하지 말고 다음 파트의 답변을 준비합니다.
시험 도중 말문이 막히더라도 침묵을 유지하시면 안 됩니다.

CONTENTS

목차

Q 8-10

정보를 이용해 답변하기

Q 11

의견 제시하기

도서출판 삼육오 홈페이지
원어민 음성 MP3 다운로드
(www.pub365.co.kr)

이 책의 특징과 구성

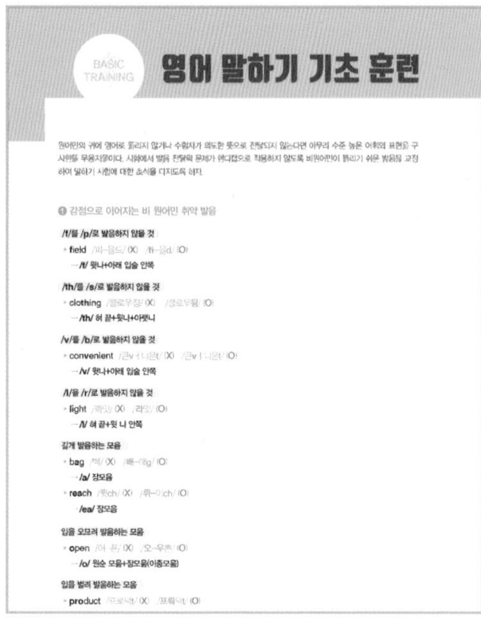

영어 말하기 기초 훈련

BASIC TRAINING

원어민의 귀에 영어로 들리지 않거나 수험자가 의도한 뜻으로 전달되지 않는다면 아무리 수준 높은 어휘와 표현을 구사한들 무용지물이다. 시험에서 발음 전달력 문제가 핸디캡으로 작용하지 않도록 비원어민이 틀리기 쉬운 발음을 교정하여 말하기 시험에 대한 초석을 다지도록 하자.

❶ 감점으로 이어지는 비 원어민 취약 발음

/f/를 /p/로 발음하지 않을 것
- field (X) (O)
  → /f/ 윗니+아래 입술 안쪽

/th/를 /s/로 발음하지 않을 것
- clothing (X) (O)
  → /th/ 혀 끝+윗니+아랫니

/v/를 /b/로 발음하지 않을 것
- convenient (X) (O)
  → /v/ 윗니+아래 입술 안쪽

/l/을 /r/로 발음하지 않을 것
- light (X) (O)
  → /l/ 혀 끝+윗 니 안쪽

길게 발음하는 모음
- bag (X) (O)
  → /a/ 장모음
- reach (X) (O)
  → /ea/ 장모음

입을 오므려 발음하는 모음
- open (X) (O)
  → /o/ 원순 모음+장모음(이중모음)

입을 벌려 발음하는 모음
- product (X) (O)

영어 말하기 기초 훈련

토익스피킹 채점기준의 대부분을 차지하는 발음 전달력을 개선하기 위해 시험에 꼭 필요한 음성, 음운 현상들을 설명하였습니다.

학습 효과

1. 한국인이 흔히 실수하는 발음/강세가 무엇인지 파악하고 바로잡을 수 있다.
2. 토익스피킹 모든 레벨의 기본이 되는 발음/강세 영역을 정복할 수 있다.
3. 발음/강세의 어려워 보이는 이론을 규칙을 통해 쉽고 재미있게 터득할 수 있다.

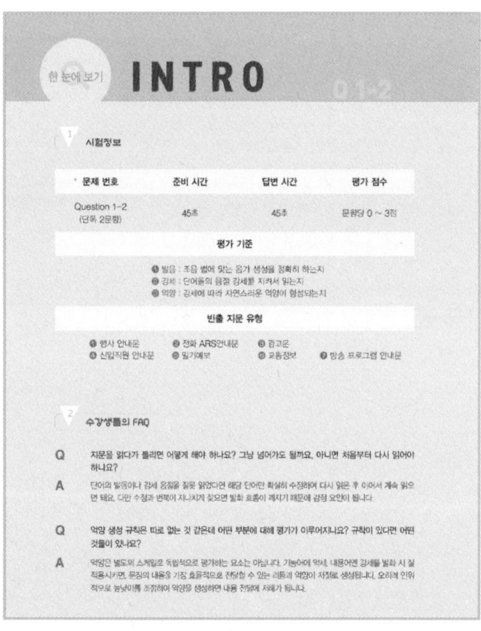

한 눈에 보기

INTRO

Q1-2

1 시험정보

문제 번호	준비 시간	답변 시간	평가 점수
Question 1-2 (단독 2문항)	45초	45초	문항당 0 ~ 3점

평가 기준

❶ 발음 : 조음 법에 맞는 음가 생성을 정확히 하는지
❷ 강세 : 단어들의 음절 강세를 지켜서 읽는지
❸ 억양 : 강세에 따라 자연스러운 억양이 형성되는지

빈출 지문 유형

❶ 행사 안내문 ❷ 전화 ARS안내문 ❸ 광고문
❹ 신입직원 안내문 ❺ 일기예보 ❻ 교통정보 ❼ 방송 프로그램 안내문

2 수강생들의 FAQ

Q 지문을 읽다가 틀리면 어떻게 해야 하나요? 그냥 넘어가도 될까요, 아니면 처음부터 다시 읽어야 하나요?

A 단어의 발음이나 강세 음절을 잘못 읽었다면 해당 단어만 확실히 수정하여 다시 읽은 후 이어서 계속 읽으면 돼요. 다만 수정과 번복이 지나치게 잦으면 발화 흐름이 깨지기 때문에 감점 요인이 됩니다.

Q 억양 생성 규칙은 따로 없는 것 같은데 어떤 부분에 대해 평가가 이루어지나요? 규칙이 있다면 어떤 것들이 있나요?

A 억양은 별도의 스케일로 독립적으로 평가하는 요소는 아닙니다. 기능어에 약세, 내용어엔 강세를 발화 시 잘 적용시키면, 문장의 내용을 가장 효율적으로 전달할 수 있는 리듬과 억양이 저절로 생성됩니다. 오히려 인위적으로 높낮이를 조절하여 억양을 생성하면 내용 전달에 저해가 됩니다.

한눈에 보기 (INTRO)

수험자가 알아야 하는 파트별 배점, 평가 내용, 빈출 유형, 실수강생 FAQ, 실제 시험 화면 등에 대해 상세히 안내하는 부분입니다.

학습 효과

1. 파트별 출제 목적을 학습 전에 미리 이해할 수 있다.
2. 시험 진행 방법에 대해 익숙해질 수 있다.
3. 파트별 학습량 분배와 학습 방향 설계에 도움이 된다.

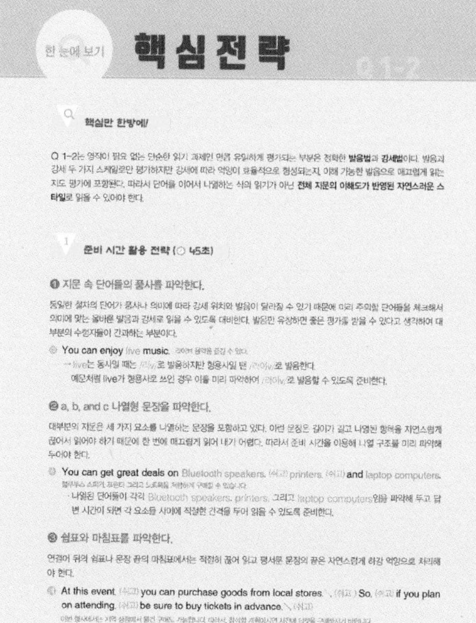

한 눈에 보기 **핵심전략**

핵심만 한방에!

Q 1~2는 영작이 필요 없는 단순한 읽기 과제인 만큼 유일하게 평가되는 부분은 정확한 **발음법**과 **강세법**이다. 발음과 강세 두 가지 스케일로만 평가하지만 강세에 따라 억양이 효율적으로 형성되는지, 이해 가능한 발음으로 매끄럽게 읽는지도 평가에 포함된다. 따라서 단어를 이어서 나열하는 식의 읽기가 아닌 **전체 지문의 이해도가 반영된 자연스러운 스타일**로 읽을 수 있어야 한다.

1 **준비 시간 활용 전략 (◯ 45초)**

❶ 지문 속 단어들의 품사를 파악한다.

동일한 철자의 단어가 품사나 의미에 따라 강세 위치와 발음이 달라질 수 있기 때문에 미리 주의할 단어들을 체크해서 의미에 맞는 올바른 발음과 강세로 읽을 수 있도록 대비한다. 발음만 유창하면 좋은 평가를 받을 수 있다고 생각하여 대부분의 수험자들이 간과하는 부분이다.

You can enjoy live **music.**

→ live는 동사일 때는 /리v/로 발음하지만 형용사일 땐 /라이v/로 발음한다.
예문처럼 live가 형용사로 쓰인 경우 이를 미리 파악하여 /라이v/로 발음할 수 있도록 준비한다.

❷ a, b, and c 나열형 문장을 파악한다.

대부분의 지문은 세 가지 요소를 나열하는 문장을 포함하고 있다. 이런 문장은 길이가 길고 나열된 항목을 자연스럽게 끊어서 읽어야 하기 때문에 한 번에 매끄럽게 읽어 내기 어렵다. 따라서 준비 시간을 이용해 나열 구조를 미리 파악해 두어야 한다.

You can get great deals on Bluetooth speakers, (쉬고) printers, (쉬고) **and** laptop computers.

· 나열된 단어들이 각각 Bluetooth speakers, printers, 그리고 laptop computers임을 파악해 두고 답변 시간이 되면 각 요소들 사이에 적절한 간격을 두어 읽을 수 있도록 준비한다.

❸ 쉼표와 마침표를 파악한다.

연결어 뒤의 쉼표나 문장 끝의 마침표에서는 적절히 끊어 읽고 평서문 문장의 끝은 자연스럽게 하강 억양으로 처리해야 한다.

At this event, (쉬고) **you can purchase goods from local stores.** ↘ (쉬고) **So,** (쉬고) **if you plan on attending,** (쉬고) **be sure to buy tickets in advance.** ↘ (쉬고)

한눈에 보기 (핵심 전략)

준비시간과 답변 시간에 따라 각 파트별로 중심이 되는 전략들을 체계적으로 설명하는 이 책의 핵심 구성 요소입니다.

학습 효과

1 개정된 시험규칙을(준비시간, 노트 테이킹) 철저하게 대비할 수 있다.
2 주어지는 제한시간을 효율적으로 안배하는 방법을 상세하게 터득할 수 있다.
3 감점을 최소화하기 위한 전략을 쉽게 이해할 수 있다.

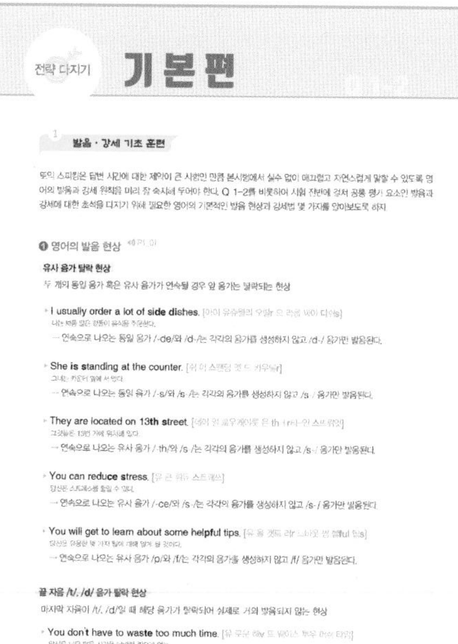

전략 다지기 **기본편**

1 **발음 · 강세 기초 훈련**

토익 스피킹은 답변 시간에 대한 제약이 큰 시험인 만큼 본시험에서 실수 없이 매끄럽고 자연스럽게 말할 수 있도록 영어의 발음과 강세 원칙을 미리 잘 숙지해 두어야 한다. Q 1~2를 비롯하여 시험 전반에 걸쳐 공통 평가 요소인 발음과 강세에 대한 초석을 다지기 위해 필요한 영어의 기본적인 발음 현상과 강세법 몇 가지를 알아보도록 하자.

❶ 영어의 발음 현상

유사 음가 탈락 현상

두 개의 동일 음가 혹은 유사 음가가 연속될 경우 앞 음가는 탈락되는 현상

- **I usually order a lot of side dishes.**
  → 연속으로 나오는 동일 음가 /-de/와 /d-/는 각각의 음가를 생성하지 않고 /d-/ 음가만 발음된다.
- **She is standing at the counter.**
  → 연속으로 나오는 동일 음가 /-s/와 /s-/는 각각의 음가를 생성하지 않고 /s-/ 음가만 발음된다.
- **They are located on 13th street.**
  → 연속으로 나오는 유사 음가 /-th/와 /s-/는 각각의 음가를 생성하지 않고 /s-/ 음가만 발음된다.
- **You can reduce stress.**
  → 연속으로 나오는 유사 음가 /-ce/와 /s-/는 각각의 음가를 생성하지 않고 /s-/ 음가만 발음된다.
- **You will get to learn about some helpful tips.**
  → 연속으로 나오는 유사 음가 /p/와 /f/는 각각의 음가를 생성하지 않고 /f/ 음가만 발음된다.

끝 자음 /t/, /d/ 음가 탈락 현상

마지막 자음이 /t/, /d/일 때 해당 음가가 탈락되어 실제로 거의 발음되지 않는 현상

- **You don't have to waste too much time.**

전략 다지기 (기본 편)

본격 유형 분석에 앞서 질문의 요지를 파악하는 방법과 수험자에게 요구되는 답변 스킬, 빈출 유형별 템플릿 형식의 답변을 미리 훈련할 수 있는 파트입니다.

학습 효과

1 파트별 출제 목적을 이해할 수 있다.
2 문제의 접근 방식을 심도 있게 이해할 수 있다.
3 처음부터 문제풀이가 부담스러운 학습자가 기초 지식을 학습할 수 있다.

이 책의 특징과 구성

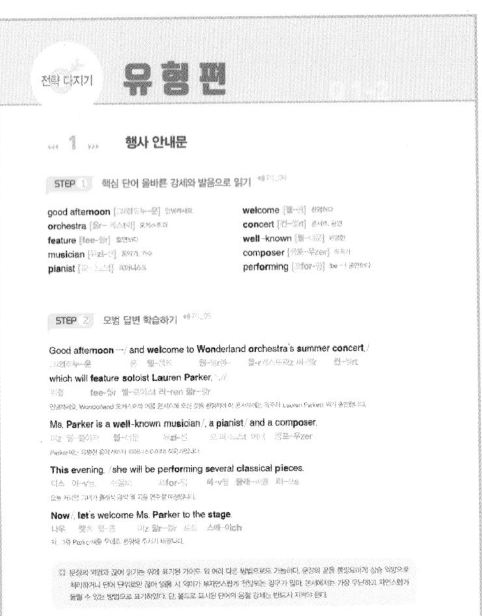

전략 다지기 **유형편**

1 행사 안내문

STEP 1 핵심 단어 올바른 강세와 발음으로 읽기

good afternoon
orchestra
feature
musician
pianist
welcome
concert
well-known
composer
performing

STEP 2 모범 답변 학습하기

Good after**noon** / and **wel**come to **Won**derland **or**chestra's **sum**mer **con**cert, /
which will **fea**ture **so**loist Lauren **Par**ker. //

Ms. **Par**ker is a **well**-known mu**si**cian /, a **pi**anist / and a com**po**ser.

This evening, / she will be per**for**ming **se**veral **clas**sical **pie**ces.

Now /, **let**'s welcome Ms. **Par**ker to the **stage**.

전략 다지기 (유형 편)

파트별 최근 빈출 유형들을 알아보고 각 질문이나 주제 유형에 대해 범용성 높은 템플릿을 학습하여 실전 시험에서 적극 활용할 수 있도록 구성한 파트입니다.

학습 효과

1 파트별 유형과 답변 기술을 터득하고 자신 있게 발화할 수 있다.
2 통일된 템플릿으로 어떤 문제에도 무난하게 답변할 수 있는 전략을 습득할 수 있다.
3 기출 분석을 바탕으로 선별한 유형들로, 시간낭비 없이 핵심만 공부할 수 있다.

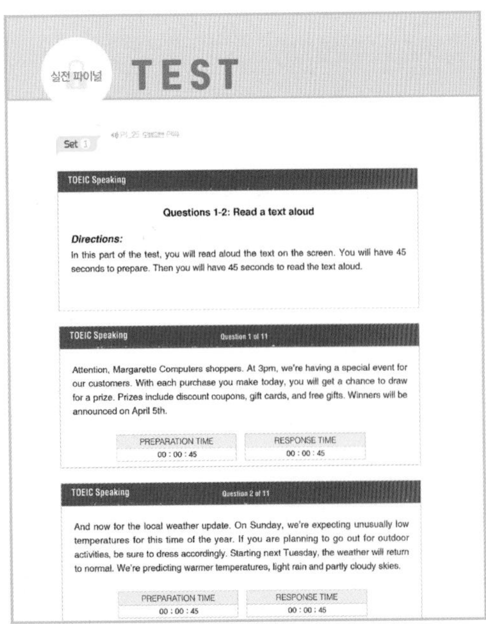

실전 파이널 **TEST**

Set 1

TOEIC Speaking

Questions 1-2: Read a text aloud

Directions:
In this part of the test, you will read aloud the text on the screen. You will have 45 seconds to prepare. Then you will have 45 seconds to read the text aloud.

TOEIC Speaking Question 1 of 11

Attention, Margarette Computers shoppers. At 3pm, we're having a special event for our customers. With each purchase you make today, you will get a chance to draw for a prize. Prizes include discount coupons, gift cards, and free gifts. Winners will be announced on April 5th.

PREPARATION TIME	RESPONSE TIME
00 : 00 : 45	00 : 00 : 45

TOEIC Speaking Question 2 of 11

And now for the local weather update. On Sunday, we're expecting unusually low temperatures for this time of the year. If you are planning to go out for outdoor activities, be sure to dress accordingly. Starting next Tuesday, the weather will return to normal. We're predicting warmer temperatures, light rain and partly cloudy skies.

PREPARATION TIME	RESPONSE TIME
00 : 00 : 45	00 : 00 : 45

실전 파이널 TEST

앞서 학습한 모든 전략과 답변 방식을 활용하여 수험자가 직접 문제를 풀어보며 점검할 수 있는 파트입니다.

학습 효과

1 스스로 다양한 문제에 대해 답변이 가능한 만큼 학습이 충분히 되었는지 확인할 수 있다.
2 주어진 시간 내 각 파트별 문제에 답변하는 연습을 해볼 수 있다.

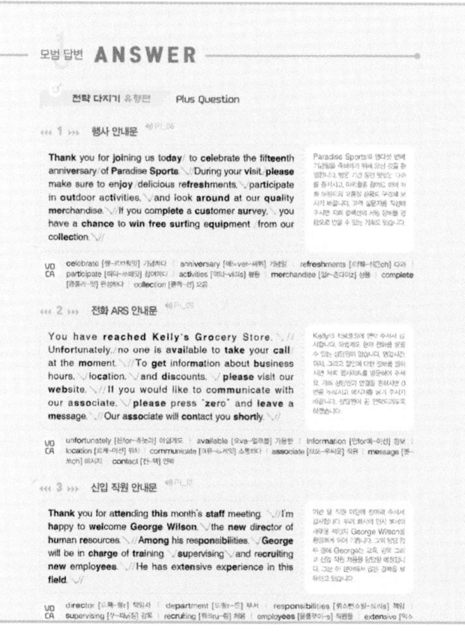

모범 답변 **ANSWER**

전략 다지기 유형편 Plus Question

1 행사 안내문

Thank you for **joining** us **today**/ to **celebrate** the **fifteenth anniversary**/ of **Paradise Sports**.↘// During your **visit**,/ **please** make sure to **enjoy**/ delicious **refreshments**,↘/ **participate** in **outdoor activities**,↘/ and look **around** at our **quality merchandise**.↘// If you **complete** a **customer survey**,↘/ you have a **chance** to **win free surfing equipment**/ from our **collection**.↘//

2 전화 ARS 안내문

You have **reached Kelly's Grocery Store**.↘// **Unfortunately**,/ no one is **available** to **take** your **call**/ at the **moment**.↘// To **get** information about **business hours**,↘/ **location**,↘/ and **discounts**,↘/ **please** visit our **website**.↘// If you would like to **communicate** with our **associate**,↘/ **please** press "**zero**" and **leave** a **message**.↘// Our **associate** will **contact** you **shortly**.↘//

3 신입 직원 안내문

Thank you for **attending this** month's **staff** meeting.↘// I'm **happy** to **welcome George Wilson**,↘/ the **new director** of **human resources**.↘// **Among** his **responsibilities**,↘/ **George** will be in **charge** of **training**,↘/ **supervising**↘/ and **recruiting new employees**.↘// He has **extensive experience** in this **field**.↘//

모범 답변 • 해석 • 해설

고득점 표현과 답변 구성 방법을 익힐 수 있도록 모든 문제에 대해 모범 답변을 제시하였습니다. 또한 답변 문장의 단어도 제공하여 보다 효과적인 대비가 가능하도록 하였습니다.

학습 효과

1 고득점 방향을 제시하여 실력이 올라갈 수 있다.
2 자신이 부족하다고 생각하는 파트의 모범 답변을 익히면 시험 도중 말문이 막히는 것을 예방할 수 있다.
3 본서에서 학습한 템플릿이나 전략을 적용하는 방법을 한눈에 볼 수 있다.

2 WEEK PLAN

2주 완성! 플랜

2주 완성! START

DAY 1
Q 1–2 기본 편, 유형 편

DAY 2
Q 1–2 실전 TEST

DAY 3
Q 3–4 기본 편, 유형 편

DAY 4
Q 3–4 실전 TEST

DAY 5
Q 5–7 기본 편

DAY 6
Q 5–7 유형 편
(plus question 제외)

DAY 7
Q 5–7 유형 편
(plus question 풀기)

DAY 8
Q 5–7 실전 TEST

DAY 9
Q 8–10 기본 편, 유형 편

DAY 10
Q 8–10 실전 TEST

DAY 11
Q 11 기본 편

DAY 12
Q 11 유형 편
(plus question 제외)

DAY 13
Q 11 유형 편
(plus question 풀기)

DAY 14
Q 11 실전 TEST

실력 UP! 복습 플랜

DAY 1

영어 말하기 기초 훈련 연습

DAY 2

Q 1–2 빈출 어휘 중 중심 복습

DAY 3

Q 3–4 묘사 템플릿 복습
→ 사진 무작위로 선택하여 제한 시간 내 답변 연습

DAY 4

Q 5–7 질문 유형별 템플릿 답변 복습
책에 있는 문제들을 무작위로 펴 빠르게 답변해보기

DAY 5

Q 8–10 표 유형별 답변 전략 복습
→ 답변에 필요한 전치사 복습 암기

DAY 6

Q 11 유형별 템플릿 복습
→ 한국어로 각 유형별 의견 말해보기
→ 곧장 영어로 바꾸어 말해보기
→ 영어로 기억나지 않는 표현 중심으로 복습

DAY 7

Q 11 유형별 템플릿 복습
→ 영어로 기억나지 않는 표현 중심으로 복습

BASIC TRAINING

영어 말하기 기초 훈련

원어민의 귀에 영어로 들리지 않거나 수험자가 의도한 뜻으로 전달되지 않는다면 아무리 수준 높은 어휘와 표현을 구사한들 무용지물이다. 시험에서 발음 전달력 문제가 핸디캡으로 작용하지 않도록 비원어민이 틀리기 쉬운 발음을 교정하여 말하기 시험에 대한 초석을 다지도록 하자.

❶ 감점으로 이어지는 비 원어민 취약 발음

/f/를 /p/로 발음하지 않을 것

▸ **f**ield /피-을드/ (X) /**fi**-을d/ (O)

→ **/f/** 윗니+아래 입술 안쪽

/th/를 /s/로 발음하지 않을 것

▸ clo**th**ing /클로우징/ (X) /클로우**딩**/ (O)

→ **/th/** 혀 끝+윗니+아랫니

/v/를 /b/로 발음하지 않을 것

▸ con**v**enient /큰vㅔ니은t/ (X) /큰**v**ㅣ니은t/ (O)

→ **/v/** 윗니+아래 입술 안쪽

/l/을 /r/로 발음하지 않을 것

▸ **l**ight /롸잇/ (X) /라잇/ (O)

→ **/l/** 혀 끝+윗 니 안쪽

길게 발음하는 모음

▸ b**a**g /백/ (X) /배-애g/ (O)

→ **/a/** 장모음

▸ r**ea**ch /륏ch/ (X) /뤼-이ch/ (O)

→ **/ea/** 장모음

입을 오므려 발음하는 모음

▸ **o**pen /어-픈/ (X) /오-우쁜/ (O)

→ **/o/** 원순 모음+장모음(이중모음)

입을 벌려 발음하는 모음

▸ **pro**duct /프로덕t/ (X) /**프롸**덕t/ (O)

→ **/pro/** 평순모음

❷ 수험생들이 잘못 알고 있는 빈출 어휘 발음법

▸ **mo**del → /mo–/ 발음 주의
/모델/ (X) /머–를/ (O)

▸ **ve**hicle → /ve–/ 발음 주의
/베히클/ (X) /v I –이클/ (O)

▸ ma**te**rial → /–te–/ 발음 주의
/매테리얼/ (X) /므티–뤼을/ (O)

▸ cafe**te**ria → /–te–/ 발음 주의
/카페테–리아/ (X) /캐f ㅔ 티–뤼아/ (O)

▸ **re**presentative → /re–/ 발음 주의
/리프리젠테티브/ (X) /뤠프뤼z ㅔ– 느티v/ (O)

▸ a**llow** → /llow/ 발음 주의
/얼로우/ (X) /얼라–우/ (O)

▸ b**o**ss → /o/ 발음 주의
/보쓰/ (X) /버–어쓰/ (O)

▸ **o**pportunity → /o-/ 발음 주의
/오폴튜니티/ (X) /어펄r츄– 느리/ (O)

▸ res**tau**rant → /–tau–/ 발음 주의
/레스토랑/ (X) /뤠–스뜨뤈t/ (O)

▸ **stu**dent → /stu–/ 발음 주의
/스투던트/ (X) /스뜌우–른t/ (O)

▸ **ph**one → /ph–/ 발음 주의
/폰/ (X) /fo–운/ (O)

▸ **su**ggestion → /su–/ 발음 주의
/써제스천/ (X) /쓰줴–스천/ (O)

BASIC TRAINING

영어 말하기 기초 훈련

❸ 영어의 다양한 음운 현상

유음화 현상

모음 음가 사이에 있는 /t/와 /d/를 /ㄹ/로 편하게 발음하는 현상
(모음 음가 사이에 /rt/, /rd/ 혹은 /nt/는 /t/와 /d/를 생략음으로 발음하지 않기도 함)

▸ item → /아이름/
eat out → /이–라웃/
remodeling → /뤼머–를링/
interview → /이–널view/

경음화 현상

모음이나 마찰음 뒤에 호흡이 많이 나가는 /p/, /t/, /k/, /c/의 격음을 된소리(경음)로 편하게 발음하는 현상

▸ speaking → /스삐–이낑/
skies → /스까–이즈/
start → /스딸r–t/
local → /로–우끌/

구개음화 현상

/t/ 와 /d/ 뒤에 /r/이 올 때 구개음으로 발음하는 현상 (/tr–/ = /ch–/ 와 유사하게 /dr–/ = /j–/와 유사하게 발음됨)

▸ travel → /츄뤠–vel/
transportation → /츄랜스폴테–이션/
drink → /쥬륑k/
driving → /쥬롸–이ving/

묵음 현상

음가를 생략하여 실제로 발음하지 않는 현상

▸ /w/ 뒤에 /h/는 대부분 묵음 — 예 where → /웨–얼r/
▸ /p/ 뒤에 /s/는 대부분 묵음음 — 예 psychologist → /싸이컬–르쥐스t/
▸ /s/뒤에 /t/는 대부분 묵음 — 예 fasten → /fㅐ–쓴/
▸ /k/, /d/뒤에 /l/은 대부분 묵음 — 예 walk → /워–어k/, could → /쿳/

성문 폐쇄음 현상

/n/ 앞에 오는 /t/는 성문을 닫았다가 터트려 발음하는 현상

▸ curtain → /컬–은/
fountain → /fㅏ–운은/
button → /벗–은/
written → /륏–은/

❹ 주의해야 하는 동철 이의어

철자는 같지만 단어의 뜻에 따라 발음하는 법이나 강세 음절의 위치가 다른 단어들이며 특히 품사가 서로 다른 경우가 많다.

단어	뜻	발음	단어	뜻	발음
live	살다	/리–v/	wind	바람	/윈-d/
	살아있는	/라–이v/		감다	/와-인d/
read	읽다	/뤼–이d/	record	기록하다	/르콜r-d/
	읽었다	/뤠–d/		기록	/뤸-껄d/
present	제출하다	/프뤼zen-t/	close	닫다	/클로-우z/
	현재 or 선물	/프뤠-zent/		가까운	/클로-우쓰/
graduate	졸업하다	/그뤠-쥬에잇/	moderate	완화하다	/머-르뤠잇/
	졸업생	/그뤠-쥬읏/		보통의	/머-르릇/
use	이용하다	/유-우z/			
	이용	/유-쓰/			

Q 1–2

지문을 소리 내어 읽기

Read a text aloud

Q 1–2는 주어진 지문을 소리 내어 읽는 유형입니다.

총 두 문항이 출제되며 두 개의 지문이 컴퓨터 화면에 순차적으로 나타납니다. 각 문항별로 준비 시간(45초)과 답변 시간(45초)이 주어지니 이에 맞추어 지문을 다 읽으면 됩니다.

준비 시간 동안 주요 단어의 뜻, 발음법과 강세 법을 확인하고 각 문장의 시작과 끝을 파악한 후 답변 시간에는 지문 흐름이 깨지지 않도록 **매끄럽고 여유가 느껴지도록 읽어야 합니다.**

자가 진단 리스트

1 지문을 30초 이내로 읽었는가?

YES □ NO □

2 단어가 아닌 문장 단위로 매끄럽게 읽었는가?

YES □ NO □

3 /f/, /v/, /r/, /th/, /z/ 등 특수 자음과 모음 음가를 정확히 발음했는가?

YES □ NO □

4 단어마다 강세의 음절 위치를 잘 지켜서 읽었는가?

YES □ NO □

5 문장 속 기능어에는 비강세를, 내용어에는 강세를 적용하여 읽었는가?

YES □ NO □

6 문장의 끝을 안정적으로 하강 억양 처리하였는가?

YES □ NO □

한 눈에 보기

INTRO

Q 1-2

1 시험정보

문제 번호	준비 시간	답변 시간	평가 점수
Question 1-2 (단독 2문항)	45초	45초	문항당 0 ~ 3점

평가 기준

❶ 발음 : 조음 법에 맞는 음가 생성을 정확히 하는지
❷ 강세 : 단어들의 음절 강세를 지켜서 읽는지
❸ 억양 : 강세에 따라 자연스러운 억양이 형성되는지

빈출 지문 유형

❶ 행사 안내문 ❷ 전화 ARS안내문 ❸ 광고문
❹ 신입직원 안내문 ❺ 일기예보 ❻ 교통정보 ❼ 방송 프로그램 안내문

2 수강생들의 FAQ

Q 지문을 읽다가 틀리면 어떻게 해야 하나요? 그냥 넘어가도 될까요, 아니면 처음부터 다시 읽어야 하나요?

A 단어의 발음이나 강세 음절을 잘못 읽었다면 해당 단어만 확실히 수정하여 다시 읽은 후 이어서 계속 읽으면 돼요. 다만 수정과 번복이 지나치게 잦으면 발화 흐름이 깨지기 때문에 감점 요인이 됩니다.

Q 억양 생성 규칙은 따로 없는 것 같은데 어떤 부분에 대해 평가가 이루어지나요? 규칙이 있다면 어떤 것들이 있나요?

A 억양은 별도의 스케일로 독립적으로 평가하는 요소는 아닙니다. 기능어에 약세, 내용어엔 강세를 발화 시 잘 적용시키면, 문장의 내용을 가장 효율적으로 전달할 수 있는 리듬과 억양이 저절로 생성됩니다. 오히려 인위적으로 높낮이를 조절하여 억양을 생성하면 내용 전달에 저해가 됩니다.

3 시험화면

TOEIC Speaking

Questions 1-2: Read a text aloud

Directions:
In this part of the test, you will read aloud the text on the screen. You will have 45 seconds to prepare. Then you will have 45 seconds to read the text aloud.

안내문

45초의 준비 시간과 45초의 답변 시간이 주어진다는 안내 음성과 함께 같은 내용이 화면에 텍스트로 보여진다.

TOEIC Speaking
Question 1 of 11

Good evening and welcome to Summerside orchestra's winter concert, which will feature soloist Naomi Wilson. Ms. Wilson is a well-known musician, a violinist and a composer. This evening, she will be performing several classical pieces. Now, let's welcome Ms. Wilson to the stage.

PREPARATION TIME
00 : 00 : 45

준비 시간 45초

문제의 지문이 화면에 제시되고 "Begin preparing now"라는 음성이 나온다. 이어지는 'beep' 소리 이후 45초의 준비 시간이 주어진다.

TOEIC Speaking
Question 1 of 11

Good evening and welcome to Summerside orchestra's winter concert, which will feature soloist Naomi Wilson. Ms. Wilson is a well-known musician, a violinist and a composer. This evening, she will be performing several classical pieces. Now, let's welcome Ms. Wilson to the stage.

RESPONSE TIME
00 : 00 : 45

답변 시간 45초

준비 시간 종료 후, "Begin reading aloud now"라는 음성이 나온다. 이어지는 'beep' 소리 이후 45초의 답변 시간이 주어진다.

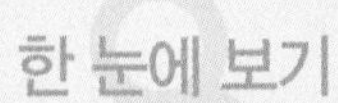

핵심전략 Q 1-2

핵심만 한방에!

Q 1-2는 영작이 필요 없는 단순한 읽기 과제인 만큼 유일하게 평가되는 부분은 정확한 **발음법**과 **강세법**이다. 발음과 강세 두 가지 스케일로만 평가하지만 강세에 따라 억양이 효율적으로 형성되는지, 이해 가능한 발음으로 매끄럽게 읽는지도 평가에 포함된다. 따라서 단어를 이어서 나열하는 식의 읽기가 아닌 **전체 지문의 이해도가 반영된 자연스러운 스타일**로 읽을 수 있어야 한다.

1 준비 시간 활용 전략 (45초)

❶ 지문 속 단어들의 품사를 파악한다.

동일한 철자의 단어가 품사나 의미에 따라 강세 위치와 발음이 달라질 수 있기 때문에 미리 주의할 단어들을 체크해서 의미에 맞는 올바른 발음과 강세로 읽을 수 있도록 대비한다. 발음만 유창하면 좋은 평가를 받을 수 있다고 생각하여 대부분의 수험자들이 간과하는 부분이다.

예 You can enjoy live music. 라이브 음악을 즐길 수 있다.
→ live는 동사일 때는 /리v/로 발음하지만 형용사일 땐 /라이v/로 발음한다.
예문처럼 live가 형용사로 쓰인 경우 이를 미리 파악하여 /라이v/로 발음할 수 있도록 준비한다.

❷ a, b, and c 나열형 문장을 파악한다.

대부분의 지문은 세 가지 요소를 나열하는 문장을 포함하고 있다. 이런 문장은 길이가 길고 나열된 항목을 자연스럽게 끊어서 읽어야 하기 때문에 한 번에 매끄럽게 읽어 내기 어렵다. 따라서 준비 시간을 이용해 나열 구조를 미리 파악해 두어야 한다.

예 You can get great deals on Bluetooth speakers, (쉬고) printers, (쉬고) and laptop computers.
블루투스 스피커, 프린터 그리고 노트북을 저렴하게 구매할 수 있습니다.
→ 나열된 단어들이 각각 Bluetooth speakers, printers, 그리고 laptop computers임을 파악해 두고 답변 시간이 되면 각 요소들 사이에 적절한 간격을 두어 읽을 수 있도록 준비한다.

❸ 쉼표와 마침표를 파악한다.

연결어 뒤의 쉼표나 문장 끝의 마침표에서는 적절히 끊어 읽고 평서문 문장의 끝은 자연스럽게 하강 억양으로 처리해야 한다.

예 At this event, (쉬고) you can purchase goods from local stores.↘ (쉬고) So, (쉬고) if you plan on attending, (쉬고) be sure to buy tickets in advance.↘ (쉬고)
이번 행사에서는 지역 상점에서 물건 구매도 가능합니다. 따라서, 참석할 계획이시면 사전에 티켓을 구매하시기 바랍니다.

❹ 고유명사를 파악한다.

지문에는 발음하기 다소 난해한 고유명사들, 즉 사람의 이름이나 지명 등이 종종 등장한다. 고유명사는 발음 평가에 반영되는 주요 어휘는 아니지만 적어도 문장의 흐름이 끊기지 않게 자연스럽게 읽어낼 수 있도록 준비 시간에 어떻게 발음할 것인지 미리 생각해 놓는 것이 좋다.

예 Let's welcome Nathaniel Walton to our show. Nathaniel Walton을 저희 쇼에 모시겠습니다.
→ Nathaniel Walton을 /느th ㅔ 니을 월-튼/ 으로 발음하겠다고 사전에 정해둔다.

2 답변 전략 (45초)

❶ 특수 자 · 모음 음가를 정확하게 발음한다

/f/, /v/, /th/, /r/ 등 영어의 일부 자음은 정확한 조음 방법에 맞게 주의하여 발음하여야 한다. 또한 이중 모음, 장모음, 단모음 등은 단어의 쓰임과 의미에 부합하도록 음의 길이나 모음의 음가를 정확하게 발음한다.

예 field [파-을드] (X) [fi-을d] (O)
/f/ 윗니가 아래 입술 안쪽에 닿도록 발음한다.

clothing [클로우싱] (X) [클로우딩] (O)
/th/ 혀 끝만 윗니와 아랫니 사이에 닿도록 발음한다.

convenient [큰vㅔ니은t] (X) [큰vㅣ니은t] (O)
/v/ 윗니가 아래 입술 안쪽에 닿도록 발음한다.

open [오-픈] (X) [오-우쁜] (O)
/o/ 단어에 따라 여러 음가로 발음되지만 open에서는 /오-우/ 이중모음(장모음)으로 발음한다.

reach [륏ch] (X) [뤼-이ch] (O)
/ea/ 유사 발음 단어 rich에 비해 상대적으로 긴 장모음으로 발음한다.

❷ 단어들의 음절 강세를 지킨다.

두 음절 이상으로 구성된 모든 영어 단어는 주 강세가 한 음절에만 들어간다. 다른 음절에 잘못 강세를 두거나 무 강세로 읽으면 평가자는 그 단어의 의미를 온전히 이해하지 못하기 때문에 큰 감점 요인이 된다.

예 hoTEL [호-텔] (X) [호테-을] (O) CONtact [컨택-t] (X) [컨-택t] (O)
toDAY [투-데이] (X) [트데-이] (O) inforMAtion [인for-메이션] (X) [인for메-이션] (O)

❸ 어구와 문장 단위로 끊어 읽는다.

지문을 처음부터 끝까지 후다닥 한 번에 빨리 읽지 않고 여유를 가지고 읽는다. 준비 시간에 미리 파악하고 읽는 준비를 해 두었던 어구와 문장 단위는 반드시 적절히 끊어 읽어야 한다.

❹ 30초 이내로 읽는다.

Q 1-2에서 문항 당 주어지는 답변 제한 시간은 45초이지만 제한 시간을 모두 채워서 읽지 않고 적당히 빠른 속도로 읽어 되도록 30초 이내로는 지문을 모두 읽을 수 있도록 한다. 주어진 45초를 다 채워서 읽으면 발화 속도가 너무 느리기 때문에 평가자가 읽고 말하는 것에 문제가 있다는 지표로 삼을 수 있다.

전략 다지기

기본편 Q 1-2

1 발음 · 강세 기초 훈련

토익 스피킹은 답변 시간에 대한 제약이 큰 시험인 만큼 본시험에서 실수 없이 매끄럽고 자연스럽게 말할 수 있도록 영어의 발음과 강세 원칙을 미리 잘 숙지해 두어야 한다. Q 1–2를 비롯하여 시험 전반에 걸쳐 공통 평가 요소인 발음과 강세에 대한 초석을 다지기 위해 필요한 영어의 기본적인 발음 현상과 강세법 몇 가지를 알아보도록 하자.

❶ 영어의 발음 현상 PI_01

유사 음가 탈락 현상

두 개의 동일 음가 혹은 유사 음가가 연속될 경우 앞 음가는 탈락되는 현상

▸ I usually order a lot of si**de di**shes. [아이 유쥬얼리 오럴r 으 라릅 싸이 **디**쉬s]
나는 보통 많은 곁들이 음식을 주문한다.
→ 연속으로 나오는 동일 음가 /-de/와 /d-/는 각각의 음가를 생성하지 않고 /d-/ 음가만 발음된다.

▸ She **is s**tanding at the counter. [쉬 이 **스**땐딩 앳 드 카우널r]
그녀는 카운터 옆에 서 있다.
→ 연속으로 나오는 동일 음가 /-s/와 /s-/는 각각의 음가를 생성하지 않고 /s-/ 음가만 발음된다.

▸ They are located on 13**th s**treet. [데이 알 로우케이릇 은 th ㅓ r티-인 **스**뜨뤼잇]
그것들은 13번 가에 위치해 있다.
→ 연속으로 나오는 유사 음가 /-th/와 /s-/는 각각의 음가를 생성하지 않고 /s-/ 음가만 발음된다.

▸ You can redu**ce s**tress. [유 큰 뤼듀 **스**트뤠쓰]
당신은 스트레스를 줄일 수 있다.
→ 연속으로 나오는 유사 음가 /-ce/와 /s-/는 각각의 음가를 생성하지 않고 /s-/ 음가만 발음된다.

▸ You will get to learn about some hel**pf**ul tips. [유 을 겟트 러r 느바웃 썸 헬**ful** 팁s]
당신은 유용한 몇 가지 팁에 대해 알게 될 것이다.
→ 연속으로 나오는 유사 음가 /p/와 /f/는 각각의 음가를 생성하지 않고 /f/ 음가만 발음된다.

끝 자음 /t/, /d/ 음가 탈락 현상

마지막 자음이 /t/, /d/일 때 해당 음가가 탈락되어 실제로 거의 발음되지 않는 현상

▸ You don'**t** have to was**te** too much time. [유 로운 해v 트 웨이스 투우 머취 타임]
당신은 너무 많은 시간을 낭비할 필요가 없다.
→ 끝 자음 /t/ 음가가 탈락되어 발음되지 않는다.

▸ I **read** a book yesterday. [아이 뤠러 븍 예스털데이]
나는 어제 책을 읽었다.
→ 끝 자음 /d/ 음가가 탈락되어 발음되지 않는다.

연음 현상

이어지는 두 단어가 의미상 연결되는 어구이고 앞 단어가 자음으로 끝나고 뒤의 단어가 모음으로 시작하면 두 음가가 붙어서 하나의 음절처럼 발음되는 현상

▸ I went to the park a few week**s a**go. [아이 웬 트 드 팔(k) 으few 윅써고우]
나는 몇 주 전에 공원에 갔다.
→ 앞 단어 끝 자음 /s/ 와 뒤 단어 시작 모음 /a/가 만나 /sa/로 발음된다.

▸ I do that on**ce or** twi**ce a** year. [아이 두 댓 원쏼 트와이써 이얼r]
나는 일 년에 한두 번 그것을 한다.
→ 앞 단어 끝 자음 /-ce/와 뒤 단어 시작 자음 /o/, /a/가 각각 만나 /cor/ 과 /ca/로 발음된다.

슈와(약모음) 발음 현상

강세가 없는 음절의 모음이 약화되어 중성 모음 혹은 약모음이라 하는 [어] 또는 [으]와 유사한 소리로 발음되는 현상

▸ al**ternate** [얼–트늣] 교대하다
→ 비 강세인 두 번째 음절 /-ter-/와 세 번째 음절 /-nate/는 각각 /트/와 /늣/으로 발음된다.

▸ **com**pu**ter** [큼퓨–럴r] 컴퓨터
→ 비 강세인 첫 번째 음절 /com-/과 세 번째 음절 /-ter/는 각각 /큼/과 /럴r/로 발음된다.

❷ 영어의 강세법

PI_02

내용어 강세, 기능어 약세

영어는 리듬과 강세 중심의 언어이다. 문장 내에서 내용어(동사, 명사, 형용사, 부사 등)에는 강세를 두고 발음을 정확히 하는 반면 기능어(전치사, 관사, 대명사, 조동사 등)에는 강세를 두지 않고 약모음으로 약화시켜 발음하는 것이 가장 기본적인 강세법이다. 이러한 강세법이 지켜지지 않을 시 바로 감점으로 이어지지는 않지만 전반적인 의미 전달력이 저하되거나 심지어 영어처럼 들리지 않을 수도 있다. 따라서 수험자가 의도한 방향과 의미대로 정확하게 전달하기 위해서는 반드시 올바른 강세법을 적용해야 한다.

▸ You may **visit** our **website** to **get more information**.
더 많은 정보를 얻으시려면 저희 웹사이트를 방문하실 수 있습니다.
→ 강세를 받는 내용어 visit, website, get, more, information은 상대적으로 힘 있고 정확하게 발음하고 기능어로 분류되는 you, may, our, to는 상대적으로 약하게 약모음으로 발음한다.

부정어 강세법

부정적인 의미를 내포하는 조동사, 접두어, 그리고 기타 단어들은 항상 강세를 받는다. 그런데 부정어가 포함되지 않은 아닌 일반 조동사에 강세를 두면 부정문으로 잘못 전달될 수 있기 때문에 주의해야 한다.

▸ You **can't** focus on your work. 당신은 일에 집중할 수 없다.

→ 부정형 조동사인 can't에 상대적인 강세를 두고 발음도 정확하게 한다.

▸ You can **focus** on your work. 당신은 일에 집중할 수 있다.

→ 부정형이 아닌 일반 조동사 can은 기능어이므로 강세를 두지 않고 약모음 발음 현상을 적용해 /큰/과 가깝게 발음한다. 후속 단어인 내용어 동사 focus에 강세를 둔다.

구동사 강세법

구동사(주로 동사+전치사, 하나의 동사로 취급)는 뒤에 오는 단어(전치사)에 강세를 두는 것이 원칙이다.
반대로 강세를 앞(동사)에 두면 의미가 달라지는 단어들도 있기 때문에 주의해야 한다.

▸ work **out** 운동하다

→ 구동사이므로 뒤에 오는 단어 out에 강세를 두어야 하며 "운동하다"라는 동사이다.

▸ **work**out 운동

→ work에 강세를 두면 "운동"이라는 명사가 된다.

합성어 강세법

합성어나 두 개의 명사가 합쳐진 복합명사는 앞쪽에 강세를 두는 것이 원칙이다.

▸ **good**-looking 잘 생긴

→ 앞쪽의 good에 강세를 둔다.

▸ **team**work 팀워크

→ 앞쪽의 team에 강세를 둔다.

2 인사말 제대로 읽기

🔊) PI_03

Q 1-2의 대부분 지문은 기본 인사말로 시작을 하며 적지 않은 수험자들이 방심한 가운데 여기에서 발음과 강세 오류를 많이 범한다. 인사말 읽기 자체는 평가에서 큰 비중을 차지하지 않지만 시작부터 좋지 않은 인상을 줄 수 있기 때문에 실수를 범해서는 안 된다. 본격적인 지문 읽기에 앞서 빈출 기본 인사말들을 밝은 어조와 정확한 발음, 강세법으로 읽을 수 있도록 연습해 두자.

▸ **Wel**come a**board**. [웰크머보–얼rd]
탑승을 환영합니다.

▸ **Wel**come, **la**dies and **gen**tlemen. [웰–큼 레–이리zen 줴–늘믄]
신사 숙녀 여러분들 환영합니다.

▸ **Wel**come **back** to our **lo**cal news. [웰–큼 백 투 아월r 로우껄 뉴–s]
지역뉴스로 돌아오신 것을 환영합니다.

▸ Good **mor**ning. [근 모–r닝]
좋은 아침입니다.

▸ Good after**noon**. [그래f터r 누–운]
안녕하세요. (오후 인사)

▸ Good **e**vening. [그리–v닝]
안녕하세요. (저녁 인사)

▸ **Thank** you for **call**ing. [thang큐 for 커–얼링]
연락 주셔서 감사합니다.

▸ **Thank** you for **joi**ning us. [thang큐 for 조–이닝어스]
저희와 함께 해 주셔서 감사합니다.

▸ **Atten**tion, **please**. [어텐–션 플리–z]
안내 말씀드리겠습니다.

▸ Do **not he**sitate. [드 낫– 헤–z테잇]
주저하지 마세요.

▸ We **appre**ciate your **bus**iness. [위 으프뤼쉬에잇 요올r 비z느s]
이용해 주셔서 감사합니다.

1 행사 안내문

STEP 1 핵심 단어 올바른 강세와 발음으로 읽기 P1_04

good after**noon** [그래f트누-운] 안녕하세요.
orchestra [올r- 케스t롸] 오케스트라
feature [fee-쳘r] 출연하다
mu**si**cian [뮤zi-션] 음악가, 가수
pianist [피- 느스t] 피아니스트
welcome [웰-큼] 환영하다
concert [컨-썰rt] 콘서트, 공연
well-known [웰-너운] 유명한
com**po**ser [큼포-우zer] 작곡가
per**for**ming [프for-밍] (be ~) 공연하다

STEP 2 모범 답변 학습하기 P1_05

Good after**noon**→/ and **wel**come to **Won**derland **or**chestra's **su**mmer **con**cert,/
그래f트누-운 은 웰-컴트 원-덜r랜- 올-r케스뜨롸z 써-멀r 컨-썰rt.
which will **fea**ture **so**loist **Lau**ren **Par**ker.↘//
위췰 fee-쳘r 썰-르이스t 러-ren 팔r-컬r
안녕하세요, Wonderland 오케스트라 여름 콘서트에 오신 것을 환영하며 이 콘서트에는 독주자 Lauren Parkert 씨가 출연합니다.

Ms. **Par**ker is a **well**-known mu**si**cian/, a **pia**nist/, and a com**po**ser.
미z 팔-껄이저 웰-너운 뮤zi-션, 으 피-느스t 애너 큼포-우zer
Parker씨는 유명한 음악가이자 피아니스트이며 작곡가입니다.

This evening, /she will be per**for**ming **se**veral **cla**ssical **pie**ces.
디스 이-v닝, 쉬을비 프for-밍 쎄-v뤌 클래-씨클 피-쓰s
오늘 저녁엔 그녀가 클래식 음악 몇 곡을 연주할 예정입니다.

Now/, **let**'s welcome Ms. **Par**ker to the **stage**.
나우, 렛츠 웰-큼 미z 팔r-컬r 트드 스떼-이ch
자, 그럼 Parker씨를 무대로 환영해 주시기 바랍니다.

문장의 억양과 끊어 읽기는 위에 표기된 가이드 외 여러 다른 방법으로도 가능하다. 문장의 끝을 불필요하게 상승 억양으로 처리하거나 단어 단위로만 끊어 읽을 시 의미가 부자연스럽게 전달되는 경우가 많아, 본서에서는 가장 무난하고 자연스럽게 들릴 수 있는 방법으로 표기하였다. 단, 볼드로 표시된 단어의 음절 강세는 반드시 지켜야 한다.

STEP 3 모범 답변 복습하기 P1_05

Good afternoon and welcome to Wonderland orchestra's summer concert, which will feature soloist Lauren Parker. Ms. Parker is a well-known musician, a pianist and a composer. This evening, she will be performing several classical pieces. Now, let's welcome Ms. Parker to the stage.

Plus Expressions 행사 안내문 빈출 어휘

per**for**mance [프for-믄s] 공연
conference [컨-f른s] 회의
annual [애-뉴을] 연례의
workshop [월k-샵] 워크숍
e**vent** [이ven-t] 이벤트
seminar [쎄-므나r] 세미나
a**ward** [어워r-d] 상
management [매-느j믄t] 관리
intro**duce** [인트로듀-s] 소개하다
ho**tel** [호테-을] 호텔
re**fre**shment [뤼f-뤠쉬 믄t] 다과
concert [컨-썰r] 콘서트
offer [어-fer] 제공하다
celebrate [쎌-르브뤠잇] 기념하다
col**lec**tion [클렉-션] 모음
ex**hi**bit [이그zi-븟] 전시
ad**di**tion [으디-션] 추가
enter**tain**ment [앤터r테-인믄t] 오락, 여흥
en**cou**raged [은커-뤼ch d] 권장되는
anni**ver**sary [애니ver-쓰뤼] 기념일
par**ti**cipate [프티-쓰페잇] 참여하다

Plus Question 아래 지문을 읽어 보세요. P1_06 모범답변 P42

Thank you for joining us today to celebrate the fifteenth anniversary of Paradise Sports. During your visit, please make sure to enjoy delicious refreshments, participate in outdoor activities, and look around at our quality merchandise. If you complete a customer survey, you have a chance to win free surfing equipment from our collection.

2 전화 ARS 안내문

STEP 1 핵심 단어 올바른 강세와 발음으로 읽기 PI_07

contacting [컨-택팅] 연락하다
favorite [fa-이v뤗] 좋아하는
operating [어-쁘뤠이링] 운영의
person**nel** [펄r쓰네-을] 직원
re**main** [르메-인] 여전히 있다
kitchen [킷-츤] 부엌
restaurant [뤠-스뜨뤈t] 식당
reser**va**tion [뤠zer va-이션] 예약
di**rect**ly [드뤡-리] 직접

STEP 2 모범 답변 학습하기 PI_08

Thank you for **con**tacting **Pam**'s **Kit**chen, ↘/ **Bris**bane's **fa**vorite **res**taurant/for **ca**sual dining. ↘//
thang큐 for 컨-택팅 팸s 킷츤, 브뤼즈븐z fa-이v뤗 뤠-스뜨뤈t for 캐-쥬얼 다이닝
일반 식사를 제공하는 Brisbane에서 가장 인기 있는 식당 Pam's Kitchen에 전화 주셔서 감사합니다.

I am **sor**ry, ↘/ but our **phone** line is **cu**rrently busy. ↘//
아이음 쏴-뤼, 버라월 fo-운 라이니즈 커-른리 비zy
죄송하지만 현재 통화 중입니다.

If you would like to **hear** our **o**perating hours, ↘/**di**nner menu, ↘/and reser**va**tion **op**tions, ↘/ **please** press **ze**ro. ↘//
이few 웃 라익트 히-어롸월 어-쁘뤠이링 아월z, 디-널r 메뉴, 앤 뤠zer va-이션 업-션s, 플리-즈 프뤠-쓰 zi-ro우
영업시간, 저녁 메뉴 그리고 예약 선택에 대해 들으시려면 0번을 눌러 주세요.

To **speak** with our person**nel** di**rect**ly, ↘/**please** re**main** on the **line**. ↘//
트 스삐-익 위라월 펄r스네-을 드뤡-리, 플리-즈 르메-인 언드 라인
직원과 직접 연결을 원하시면 대기하여 주시기 바랍니다.

STEP 3 모범 답변 복습하기 P1_08

Thank you for contacting Pam's Kitchen, Brisbane's favorite restaurant for casual dining. I am sorry, but our phone line is currently busy. If you would like to hear our operating hours, dinner menu, and reservation options, please press zero. To speak with our personnel directly, please remain on the line.

Plus Expressions 전화 ARS 안내문 빈출 어휘

person**nel** [펄스네-을] 직원	**con**tacting [컨-택팅] 연락하는	**appoint**ment [으포-인믄t] 예약
operator [어-쁘뤠이럴r] 상담원	in**qui**ries [은콰-이으뤼z] 문의	lo**ca**tion [르케-이션] 위치
re**main** [르메-인] 유지하다	pro**vide** [프로vi-이d] 제공하다	**o**therwise [아-덜와이즈] 그 외에는
customer [커-스뜨멀r] 호텔	**call**ing [컬-링] 전화하는	a**vail**able [으v ㅔ-일르블] 가용한
a**sso**ciate [으쏘-우씨읏] 직원	**mo**ment [모-우믄] 순간	fa**cil**ity [f씰-르리] 시설
detailed [디-테이을(d)] 상세한	**bu**sy [비zi] 바쁜	**sea**son [씨-zeun] 시기
con**nec**ted [크넥-뜨(d)] 연결된	repre**sen**tative [뤠프뤼ze-느리v] 담당자	com**mu**nicate [크뮤-느케잇] 연락하다

Plus Question 아래 지문을 읽어 보세요. P1_09 모범답변 P42

You have reached Kelly's Grocery Store. Unfortunately, no one is available to take your call at the moment. To get information about business hours, location, and discounts, please visit our website. If you would like to communicate with our associate, please press "zero" and leave a message. Our associate will contact you shortly.

3 신입 직원 안내문

STEP 1 핵심 단어 올바른 강세와 발음으로 읽기 P1_10

employee [임플로이–] 직원
policies [펄–르씨z] 정책들
projects [프뤄–젝ch] 프로젝트들
company [컴–쁘니] 회사
orientation [어뤼은테–이션] 오리엔테이션
guidelines [가–이라인z] 지침들
proceed [프뤄씨-d] 진행하다
manuals [매–뉴월s] 매뉴얼

STEP 2 모범 답변 학습하기 P1_11

Welcome to the **new** employ**ee** orien**ta**tion.↘//
웰–큼 트드 뉴– 임플로이- 어뤼은테–이션
신입사원 오리엔테이션에 오신 것을 환영합니다.

In your **hand**book,↘/ you will **see** the **com**pany **po**licies,↘/ **guide**lines,↘/ and our **fu**ture **pro**jects.↘//
인욜 핸–븍, 유을씨– 드 컴–쁘니 펄르씨z, 가–이라인z
앤 알 few-쳘 프뤄–젝ch
안내서에서, 사내 규정, 지침 그리고 앞으로 회사에서 진행할 프로젝트를 확인할 수 있습니다.

We will **soon** pro**ceed**/with **trai**ning of our **com**pany **ma**nuals.↘//
위을 쑨– 프뤄씨-d 윋 츄뤠–이닝 어va월 컴–쁘니 매–뉴월s
곧 우리 회사 매뉴얼에 대해 교육이 진행될 예정입니다.

At the end of the orien**ta**tion,↘/ we will **fi**nish/with a **tour** of this **buil**ding.↘//
앳디 엔–더v디 어뤼은테–이션, 위을 fi니쉬– 위러 투워뤄v 디스 비–을딩
오리엔테이션의 마무리는 이 건물을 둘러보는 것으로 마치겠습니다.

STEP 3 모범 답변 복습하기 PI_11

Welcome to the new employee orientation. In your handbook, you will see the company policies, guidelines, and our future projects. We will soon proceed with training of our company manuals. At the end of the orientation, we will finish with a tour of this building.

Plus Expressions 신입 직원 안내문 빈출 어휘

attend [으텐-(d)] 참여하다
director [드뤡-떨r] 책임자
recruit [뤼크ru-(t)] 모집하다
experience [익스삐-뤼은스] 경험
field [fi-을(d)] 분야
project [프뤄-젝(t)] 프로젝트
manager [매-느절r] 매니저
marketing [말r-께링] 마케팅
handbook [핸-븍] 안내서
policies [펄-르씨z] 정책들
password [패-쓰월r-d] 비밀번호
guidelines [가-이라인z] 지침들
challenge [챌-른ch] 도전
rewarding [르월r-링] 보람 있는
employee [임플로이-] 직원
organization [올r그나이ze-이션] 조직
identification [아이덴트f케-이션] 식별
orientation [어뤼은te-이션] 오리엔테이션
professionalism [프로fe-셔늘리즘] 전문성
human resources [휴-믄 뤼-쏠쓰s] 인사부
email account [이-메이을 으카-운t] 이메일 계정

Plus Question 아래 지문을 읽어 보세요. PI_12 모범답변 P42

Thank you for attending this month's staff meeting. I'm happy to welcome George Wilson, the new director of human resources. Among his responsibilities, George will be in charge of training, supervising and recruiting new employees. He has extensive experience in this field.

4 광고문

STEP 1 핵심 단어 올바른 강세와 발음으로 읽기 PI_13

compu**ters** [큼퓨–럴rz] 컴퓨터들
sales [쎄–이을z] 할인
tablet **PCs** [태–블릇 피씨-z] 태블릿 PC들
customer [커–스떠멀r] 고객
addi**tional** [으디–셔늘] 추가적인
shoppers [샤–뻘rz] 쇼핑객들
all [얼–] 모든
laptops [랩–텁s] 노트북 컴퓨터들
repre**sen**tative [뤠프뤼ze-느리v] 담당자
discounts [디–스카운ch] 할인

STEP 2 모범 답변 학습하기 PI_14

Attention,↘/**Vine**land Com**pu**ters **sho**ppers.↘//
으텐–션 vi-인랜 큼퓨–럴rz 샤–뻘rz
Vineland 컴퓨터 고객님들께 안내 말씀 드리겠습니다.

This weekend,↘/we're **ha**ving **sa**les/on **ma**ny **pro**ducts.↘//
디스 위–큰, 위얼 해–ving 쎄이을zon 매니 프뤄–덕ch
이번 주말에 많은 상품들에 대해 할인 행사를 진행할 예정입니다.

You can **save** on **all** brands of **ta**blet **PCs**,↘/**lap**tops,↘/and **desk**top com**pu**ters.↘//
유큰 세이von 얼– 브랜zo–v 태블릇 피씨–z, 랩텁 슨 데슥텁 큼퓨–럴rz
모든 브랜드의 태블릿 PC, 노트북, 그리고 데스크톱 컴퓨터를 특가로 구매하실 수 있습니다.

If you **have** any **ques**tions,↘/**feel free**/to **ask** a **cus**tomer service repre**sen**tative for **help**.↘//
이few 해-va니 쿠웨–스쳔s, fi-을 f뤼 트 애–스꺼 커–스떠멀r 썰r–vi스 뤠프뤼ze-느리v for 헤–읍
문의 사항이 있으시면, 언제든 저희 고객 서비스 담당자에게 도움을 요청해 주시기 바랍니다.

To **get more** infor**ma**tion/about a**ddi**tional **dis**counts,↘/**please check** our **web**site.↘//
트 겟 모얼r 인for메–이션 으바웃 으디–셔널 디–스카운츠, 플리–즈 췌–까월 웹– 싸잇
추가 할인에 대한 정보를 원하시면, 저희 웹사이트를 확인하여 주세요.

STEP 3 모범 답변 복습하기 P1_14

Attention, Vineland Computers shoppers. This weekend, we're having sales on many products. You can save on all brands of tablet PCs, laptops, and desktop computers. If you have any questions, feel free to ask a customer service representative for help. To get more information about additional discounts, please check our website.

Plus Expressions 광고문 빈출 어휘

com**pu**ter [큼퓨-러r] 컴퓨터
on **sale** [언 쎄-이을] 세일 중
dis**play** [디스플레-이] 진열
product [프뤄-덕t] 상품
pro**mo**tion [프로모-우션] 판촉 행사
a**ttrac**tions [으트뤡-션z] 흥미 거리
finest [fㅏ-이느스(t)] 최고급

restaurant [뤠-스뜨뤈t] 식당
de**vice** [드vi-이쓰] 기기
offering [어-f륑] 제시하는
a**ffor**dable [어for-르블] 저렴한
merchandise [멀r-츤다이z] 상품
va**rie**ty [v-롸이리] 여러 가지
stop **by** [스땁바-이] 들르다

discount [디-스카운t] 할인
per**cent off** [프쎄-너f] ~퍼센트 할인
elec**tro**nic [일렉t뤄-닉] 전자의
laptop [랩텁] 노트북 컴퓨터
en**joy** [은조-이] 즐기다
favorite [fㅔ-이v륏] 가장 좋아하는
drop **by** [드뢉바-이] 들르다

Plus Question 아래 지문을 읽어 보세요. P1_15 모범답변 P43

Join us this weekend at Rita Electronics for our spring sales promotion. You can enjoy fun games, nice food, and outdoor entertainment at our store in Connel Town. We will also be offering big discounts on all our merchandise. You won't want to miss this amazing sales event.

5 일기 예보

STEP 1 핵심 단어 올바른 강세와 발음으로 읽기 P1_16

weather **fore**cast [웨-덜 **for**-캐스t] 일기 예보
skies [스까이즈] 하늘
approaches [어프로-우취s] 다가오다 (3인칭 단수 주어)
stay tuned [스떼이 튜-운d] 계속 시청하다
through**out** [thru아-웃] ~내내
pre**dic**ting [프뤼딕-띵] 예측하는
oc**ca**sional [으캐-이셔늘] 간헐적인
temperatures [템-프re철r] 기온
weather **up**dates [웨-덜 업-데잇ch] 날씨 소식

STEP 2 모범 답변 학습하기 P1_17

He**llo**, listeners!↘/ It's time for the **wee**kly **wea**ther **fore**cast.↘//
헬러-우 리쓰널z! 잇츠 타임 for드 위-클리 웨-덜r for-캐스t
청취자 여러분들 안녕하세요! 주간 일기예보 시간입니다.

We are pre**dic**ting **rain** in the **South**bank area **this wee**kend.//
위알 프뤼딕-띵 뤠이닌 드 싸-우th뱅캐뤼아 디스 위-켄d
이번 주말 Southbank 지역에서는 비가 올 것으로 예상됩니다.

On **Sa**turday,↘/ we will **see clou**dy **skies**,/ **strong** winds,/ and oc**ca**sional showers.↘//
언 쌔-럴r데이, 위을 씨- 클라우리 스까이z, 스뜨뤙 윈zen 으캐-이셔늘 사-월z
토요일에는 구름 낀 하늘, 강한 바람 그리고 간헐적인 소나기가 올 예정입니다.

As **Sun**day after**noon appro**aches,↘/ **skies** will clear **up** and **tem**peratures will **rise**.↘//
애z 썬데이 애f털누-운 어프로-우취s, 스까이z위을 클리어뤕-쁜 템-프르철z위을 롸-이z
일요일 오후가 되면서 하늘이 개고 기온이 상승할 것으로 예상됩니다.

Stay tuned/to **Cha**nnel Seven News/for **wea**ther **up**dates/through**out** the **wee**kend.↘//
스떼이 튜-운트 췌널 쎄ven 뉴-스 for 웨-덜r 업-데잇ch thru아-웃드 위-켄d
주말 동안 날씨 정보를 확인하시려면 채널 7번 뉴스에 채널 고정해 주시기 바랍니다.

STEP 3 모범 답변 복습하기 P1_17

Hello, listeners! It's time for the weekly weather forecast. We are predicting rain in the Southbank area this weekend. On Saturday, we will see cloudy skies, strong winds, and occasional showers. As Sunday afternoon approaches, skies will clear up and temperatures will rise. Stay tuned to Channel Seven News for weather updates throughout the weekend.

Plus Expressions 일기 예보 빈출 어휘

temperature [템p르쳐r] 기온

humid [휴–믿] 습한

shower [샤–워r] 소나기

un**u**sual [언유–쥬월] 평소와 다른

rising [롸–이zing] 상승하는

update [업–데잇] 최신 정보

hydrated [하–이드뤠이르(d)] 수분을 머금은

cool [쿠–을] 시원한

winds [윈-z] 바람

breezy [브뤼–zee] 선선한 바람이 부는

oc**ca**sional [으캐–이셔늘] 간헐적인

skies [스까–이z] 하늘

weather **fore**cast [웨–덜r for-캐st] 일기예보

thunderstorm [thun-덜r 스또–rm] 뇌우

warm [워-rm] 따뜻한

snowfall [스노우f ㅓ–얼] 강설

pleasant [플레–즌(t)] 쾌적한

drop [드뢉–] 떨어지다

spon**sored** [스뻔–썰rd] 후원하는

weather re**port** [웨–덜r 르포-rt] 일기예보

ex**pect**, pre**dict** [익스빽-t, 프뤼딕-t] 예측하다

Plus Question 아래 지문을 읽어 보세요. P1_18 모범답변 P43

And now, the weather update from the Central Tower weather station. The temperature has been rising significantly, which is quite unusual for this area. Therefore, we would like to advise you to stay hydrated, dress lightly, and stay indoors if possible. Make sure to take enough breaks if you are planning any outdoor activities.

6 교통 정보

STEP 1 핵심 단어 올바른 강세와 발음으로 읽기 PI_19

traffic [t뤠-fic] 교통
affecting [으fec팅] 영향을 주는
pe**de**strian **walk**way [프데-스뜨뤼은 워-k 웨이] 보행자 전용 도로
re**pairs** [르페-얼rz] 수리
en**cou**raged [은커-뤼ch d] 권고되는
alternate **routes** [얼-트늣 ru-웃ch] 대체 도로
maintenance [메-인 는쓰] 유지보수
crosswalk [크뤄-스 워-k] 횡단보도
expec**ted** [익스빽-뜨d] 예상되는
detour [디-투얼r] 우회로

STEP 2 모범 답변 학습하기 PI_20

In **Traffic News** for to**night**. ↘/**main**tenance on **West**field bridge/is **affec**ting
인 t뤠-fic 뉴-스 for 트나-잇, 메-인 는쓰 언 웨스fi-을 브뤼쥐z 으fec-팅
travelers/**this e**vening. ↘//
t뤠-vel럴rz 디스 이-v닝
오늘 밤 교통 정보입니다. 오늘 저녁 Westfield 다리의 정비가 이동을 방해하고 있습니다.

Crosswalk, ↘/**bike**way, ↘/and pe**de**strian **walk**way/are **all** closed/due to re**pairs**. ↘//
크뤄-스웍, 바-이퀘이 은 프데-스뜨뤼은 웍-퀘이 알 얼- 클로우zd 듀트 르페-얼rz
횡단보도, 자전거 도로, 그리고 보행자 전용 도로는 수리 작업으로 인해 모두 폐쇄되었습니다.

Since the **work** is ex**pec**ted to **last** through**out** the **night**, ↘/**tra**velers are en**cou**raged/
씬스 드 월r-키z 익스빽-뜨d 트 라-스t thru아웃 드 나잇, t뤠-vel럴r zar 은커-뤼ch d
to **fol**low **de**tour **signs**/for **al**ternate **routes**. ↘//
트 fal-러우 디-투얼r 싸-인z for 얼-트늣 ru-웃ch

작업은 밤새 진행될 예정이니 운전자들은 대체 도로를 안내하는 우회로 표지판을 따라갈 것을 권합니다.

STEP 3 모범 답변 복습하기 PI_20

In Traffic News for tonight, maintenance on Westfield bridge is affecting travelers this evening. Crosswalk, bikeway, and pedestrian walkway are all closed due to repairs. Since the work is expected to last throughout the night, travelers are encouraged to follow detour signs for alternate routes.

Plus Expressions 교통 정보 빈출 어휘

highway [하-이웨이] 고속도로	roads [ro우z] 도로	downtown [다운 타운] 시내
avenue [에-vi뉴] 거리	commute [크뮤-(t)] 통근	congestion [큰줘-s츤] 교통 혼잡
construction [큰스뜨뤅-션] 공사	blocked [블럭-(t)] 막힌	closure [클로-우zure] 폐쇄
detour [디-투얼r] 우회로	delays [들레-이z] 지체	affect [으fec-(t)] 영향을 미치다
considering [큰씨-러륑] 고려하는	prevent [프뤼ven-(t)] 막다	recommend [뤠크멘-(d)] 추천하다
advised [어(d)v ㅏ-이z(d)] 권고된	transportation [트랜스폴테-이션] 교통	traffic update [t뤠-fic 업-데잇] 교통정보
utility work [유틸-르리 월-rk] 설비 공사	repair work [르페-얼r 월-rk] 수리 작업	alternate route [얼-트늣 ru-t] 대체 경로

Plus Question 아래 지문을 읽어 보세요. PI_21 모범답변 P43

Good morning, listeners. Time for our morning traffic news. Drivers are currently facing heavy congestion around Central Park. Also, the main streets downtown, Perth Avenue, and Drane Street are all blocked due to repair work. If you are taking any of these roads, please follow the detour signs for alternate routes.

7 방송 프로그램 안내문

STEP 1 핵심 단어 올바른 강세와 발음으로 읽기 PI_22

episode [에-삐쏘우d] 프로그램 차시
enable [으네-이블] 가능하게 하다
including [인클루-링] 포함하는
entrée [언트뤠-이] 주 요리
tune in [튜닌] 시청(청취)하다
recipes [뤠-쓰피s] 조리법들
meal [미-을] 식사
appetizer [애-쁘타이zer] 전채 요리
dessert [드zer- t] 후식
helpful [헬- ful] 도움이 되는

STEP 2 모범 답변 학습하기 PI_23

Coming **up** at **8** O'clock/is **Coo**king **Par**ty **Food** / with **Jo**shua **Mur**phy.↘//
커밍업 으레-이러클럭 이z 크킹 팔r-리 foo-d 윗 저슈와 멀r-fy
곧이어 8시에는 Joshua Murphy와의 파티 음식 요리가 방영됩니다.

On to**day**'s **e**pisode.↘/**Jo**shua will **show** us **spe**cial **re**cipes/that will en**able** you to **cook** for a **par**ty.↘//
언 트데-이s 에-삐쏘우d. 저슈와 윌 쏘-우워쓰 스뻬-셜 뤠-쓰피s 댓을 으네-일블 유 트 크 fo뤄 팔r-리
이번 회차에서는 Joshua가 여러분들이 파티를 위해 요리할 수 있는 특별한 조리법을 보여줄 예정입니다.

He will **show** us/**how** to **make** a **full** meal/in**clu**ding an **a**ppetizer,↘/an **entrée**↘/and a de**ssert**.↘//
히을 쏘-우워쓰 하으트 메이꺼 ful-미-을 인클루-링 으네-쁘타이zer, 은 언트뤠-이 애느 드zer- t
전채 요리, 주 요리 그리고 후식을 포함한 완벽한 식사를 만드는 방법을 보여줄 것입니다.

If you are **plan**ning a **par**ty,↘/tune **in**/for some **help**ful **tips**.↘//
이few 알 플래-닝 으 팔r-리, 튜닌- for 썸 헬-ful 팁s
파티를 계획하고 있다면 유용한 팁을 위해 본 방송을 시청해 주시기 바랍니다.

STEP 3 모범 답변 복습하기 P1_23

Coming up at 8 O'clock is Cooking Party Food with Joshua Murphy. On today's episode, Joshua will show us special recipes that will enable you to cook for a party. He will show us how to make a full meal including an appetizer, an entrée and a dessert. If you are planning a party, tune in for some helpful tips.

Plus Expressions 방송 프로그램 안내문 빈출 어휘

radio [뢔–이리오우] 라디오

episode [에–삐쏘우(d)] 에피소드

podcast [펏–캐스t] 팟캐스트

recipe [뤠–쓰피] 조리법

hottest [하–르스(t)] 가장 인기 있는

tune **in** [튜닌–] 시청(청취)하다

stay tuned [스떼–이 튜–운d] 채널을 고정하다

channel [쵀–늘] 채널

topic [터–삑] 토픽, 주제

broadcast [브뤄-d 캐스(t)] 방송

listener [리–쓰널r] 청취자

latest [레–이르스(t)] 가장 최신의

rela**ted** [륄레–이르(d)] 관련된

demonstrate [데–믄스뜨뤠이t] 보여주다

program [프로–우그뢤] 프로그램

studio [스뜌–리오] 스튜디오

live [라–이v] 생방송으로

viewer [vew-월–r] 시청자

helpful [헬–ful] 도움이 되는

inspira**tion** [인스프뤠–이션] 영감

sponsored [스빤–썰r(d)] ~가 후원하는

Plus Question 아래 지문을 읽어 보세요. P1_24 모범답변 P44

Good evening, Radio Nine listeners. From April seventeenth, all our programming will be available online. You will also be able to access our broadcasts from any mobile phones, computers or tablet PCs. If you want to listen to a live program, go to our website and click on the button that says, "Live Now." And then just enjoy the show.

Set 1 🔊 P1_25 모범답변 P44

TOEIC Speaking

Questions 1-2: Read a text aloud

Directions:

In this part of the test, you will read aloud the text on the screen. You will have 45 seconds to prepare. Then you will have 45 seconds to read the text aloud.

TOEIC Speaking Question 1 of 11

Attention, Margarette Computers shoppers. At 3pm, we're having a special event for our customers. With each purchase you make today, you will get a chance to draw for a prize. Prizes include discount coupons, gift cards, and free gifts. Winners will be announced on April 5th.

PREPARATION TIME	RESPONSE TIME
00 : 00 : 45	00 : 00 : 45

TOEIC Speaking Question 2 of 11

And now for the local weather update. On Sunday, we're expecting unusually low temperatures for this time of the year. If you are planning to go out for outdoor activities, be sure to dress accordingly. Starting next Tuesday, the weather will return to normal. We're predicting warmer temperatures, light rain and partly cloudy skies.

PREPARATION TIME	RESPONSE TIME
00 : 00 : 45	00 : 00 : 45

Set 2

🔊) P1_26 모범답변 P45

TOEIC Speaking

Questions 1-2: Read a text aloud

Directions:

In this part of the test, you will read aloud the text on the screen. You will have 45 seconds to prepare. Then you will have 45 seconds to read the text aloud.

TOEIC Speaking Question 1 of 11

Good evening ladies and gentlemen. Welcome to tonight's theater performance. All our performers have worked incredibly hard to put this show together for you. Please remember that the use of mobile phones, cameras, and other recording devices is not permitted. Now, please sit back, relax, and enjoy the show.

PREPARATION TIME	RESPONSE TIME
00 : 00 : 45	00 : 00 : 45

TOEIC Speaking Question 2 of 11

If you are looking for an exciting adventure this weekend, come visit the Summerville Zoo. You are invited to see our incredible exhibits, including animals of Tanzania. Here, you can get a close look at tigers, elephants and zebras. To get more information, please visit our website.

PREPARATION TIME	RESPONSE TIME
00 : 00 : 45	00 : 00 : 45

모범 답변 ANSWER

전략 다지기 유형편 Plus Question

1 행사 안내문 PI_06

Thank you for **joi**ning us to**day**/ to **ce**lebrate the fif**teen**th anni**ver**sary/ of **Pa**radise **Sports**.↘//During your **vi**sit,/**please** make sure to en**joy**/delicious re**fresh**ments,↘/par**ti**cipate in **out**door ac**ti**vities,↘/and look **around** at our **qua**lity **mer**chandise.↘//If you com**plete** a **cus**tomer **sur**vey,↘ you have a **chance** to **win free surf**ing e**quip**ment /from our col**lec**tion.↘//

Paradise Sports의 열다섯 번째 기념일을 축하하기 위해 오신 것을 환영합니다. 방문 기간 동안 맛있는 다과를 즐기시고, 야외활동 참여도 하며 저희 브랜드의 고품질 상품도 구경해 보시기 바랍니다. 고객 설문지를 작성해주시면 저희 컬렉션의 서핑 장비를 경품으로 받을 수 있는 기회도 있습니다.

VOCA
celebrate [쎌–르브뤠잇] 기념하다 | anni**ver**sary [애느ver–써뤼] 기념일 | re**fresh**ments [르f뤠–쉬믄ch] 다과 | par**ti**cipate [퍼티–쓰페잇] 참여하다 | ac**ti**vities [액티–vi리s] 활동 | **mer**chandise [멀–촌다이z] 상품 | com**plete** [큼플리–잇] 완성하다 | col**lec**tion [클렉–션] 모음

2 전화 ARS 안내문 PI_09

You have **reached Kelly's Gro**cery Store.↘// Un**for**tunately,/no one is a**vai**lable to **take** your **call**/ at the **mo**ment.↘//To **get** infor**ma**tion about **bu**siness hours,↘/lo**ca**tion,↘/and **dis**counts,↘/ **please** visit our **web**site.↘//If you would like to com**mu**nicate with our a**sso**ciate,↘/ **please** press "**ze**ro" and **leave** a **me**ssage.↘//Our a**sso**ciate will **con**tact you **short**ly.↘//

Kelly의 식료품점에 연락 주셔서 감사합니다. 아쉽게도 현재 전화를 받을 수 있는 상담원이 없습니다. 영업시간, 위치, 그리고 할인에 대한 정보를 원하시면 저희 웹사이트를 방문하여 주세요. 저희 상담원과 연결을 원하시면 0번을 누르시고 메시지를 남겨 주시기 바랍니다. 상담원이 곧 연락드리도록 하겠습니다.

VOCA
un**for**tunately [은for–츄늣리] 아쉽게도 | a**vai**lable [으va–일르블] 가용한 | infor**ma**tion [인for메–이션] 정보 | lo**ca**tion [르케–이션] 위치 | com**mu**nicate [크뮤–느케잇] 소통하다 | a**sso**ciate [으쏘–우씨읏] 직원 | **me**ssage [멧–쓰ch] 메시지 | **con**tact [컨–택] 연락

3 신입 직원 안내문 PI_12

Thank you for a**tten**ding **this** month's **staff** meeting.↘//I'm **ha**ppy to **wel**come **George Wilson**,↘/the **new** di**rec**tor of **hu**man **re**sources.↘//**A**mong his res**pon**si**bi**lities,↘/**George** will be in **charge** of **trai**ning,↘/**su**pervising↘/and re**crui**ting **new** emplo**yees**.↘//He has ex**ten**sive ex**pe**rience in this **field**.↘//

이번 달 직원 미팅에 참여해 주셔서 감사합니다. 우리 회사의 인사 부서의 새로운 책임자 George Wilson을 환영하게 되어 기쁩니다. 그의 담당 업무 중에 George는 교육, 감독 그리고 신입 직원 채용을 담당할 예정입니다. 그는 이 분야에서 많은 경력을 보유하고 있습니다.

VOCA
di**rec**tor [드뤡–털r] 책임자 | de**part**ment [드팔r–믄] 부서 | res**pon**si**bi**lities [뤼스뻔스빌–르리s] 책임 | **su**pervising [쑤–퍼vi징] 감독 | re**crui**ting [뤼크ru–링] 채용 | emplo**yees** [음플로이–s] 직원들 | ex**ten**sive [익스텐–씨v] 광범위한 | ex**pe**rience [익스뻬–뤼은스] 경험

◂◂◂ 4 ▸▸▸ 광고문 P1_15

Join us this **wee**kend at **Rita** Elec**tro**nics for our **spring** sales pro**mo**tion.↘//You can en**joy fun** games,↘/**nice** food,↘/and **out**door enter**tain**ment at our **store**/in **Connell Town**.↘//We will **al**so be **o**ffering **big dis**counts/on **all** our **mer**chandise.↘//You **won't** want to **miss** this a**ma**zing **sales** e**vent**.↘//

이번 주말 Rita Electronics의 봄 시즌 판촉 행사를 놓치지 마세요. Connell Town에 위치한 저희 가게에서 재미난 게임, 맛있는 음식, 그리고 야외 여흥 거리들을 즐길 수 있습니다. 또한 모든 상품에 대해 큰 할인을 진행할 예정입니다. 이번 초특가 할인행사를 놓치고 싶지 않을 것입니다.

VOCA electronics [일렉트뤄-닉s] 전자기기 | promotion [프로모-우션] 판촉 활동 | entertainment [엔털r테-인믄] 여흥 거리 | offering [어-f륑] 제공하는 | discounts [디-스카운ch] 할인 | won't [wo-운] ~하지 않을 것이다 | amazing [어메-이zing] 놀랄 만한

◂◂◂ 5 ▸▸▸ 일기 예보 P1_18

And **now**,↘/the **wea**ther **up**date from the **Central Tower Wea**ther **Sta**tion.↘//The **tem**perature has been **ri**sing sig**ni**ficantly,/which is **quite** unusual/for **this** area.↘//**There**fore,↘/we would **like** to ad**vise** you to **stay hy**drated,↘/**dress light**ly,↘/and **stay** in**doors** if **po**ssible.↘//**Make** sure to **take** e**nough breaks**/if you are **plan**ning **any out**door ac**ti**vities.↘//

자 이제 Central Tower 기상 관측소에서 날씨를 알려드립니다. 기온은 두드러지게 상승하고 있으며 이런 현상은 이 지역에서는 이례적인 일입니다. 그러므로 충분한 수분을 섭취하시고, 옷을 가볍게 착용하시며 가능한 한 실내에 머물 것을 권고드립니다. 야외 활동을 할 예정이시라면 충분한 휴식을 취하도록 하세요.

VOCA temperature [템-프뤄쳘r] 기온 | significantly [씨그니- fi크리] 상당히 | unusual [언유-슈월] 흔치 않은 | hydrated [하-이드뤠이르d] 수화된 | indoors [은도-얼rs] 실내에 | possible [퍼-쓰블] 가능한

◂◂◂ 6 ▸▸▸ 교통 정보 P1_21

Good **mor**ning, **lis**teners.↘//**Time** for our **mor**ning **tra**ffic **news**.↘//**Dri**vers are **cu**rrently **fa**cing **hea**vy con**ges**tion/around **Cen**tral **Park**.↘//**Al**so, the **main streets** down**town**,↘/**Perth A**venue,↘/and **Drane Street** are **all block**ed/due to re**pair** work.↘//If you are **ta**king **any** of these **roads**,↘/**please fol**low the **de**tour **signs** for **al**ternate **routes**.↘//

안녕하세요 청취자 여러분들, 오전 교통방송 시간입니다. 운전자들은 현재 Central Park 주변으로 극심한 교통 정체를 겪고 있습니다. 또한 시내의 중심가, Perth가, 그리고 Drane가 모두 수리 공사로 인해 폐쇄되었습니다. 이 도로를 이용하시는 분들은 다른 경로를 안내하는 우회로 표지판을 따라가시기 바랍니다.

VOCA currently [커-른리] 현재 | congestion [큰줴-스쳔] 혼잡 | avenue [에-vi뉴] 거리 | blocked [블럭-t] 차단된 | detour [디-투얼r] 우회로 | alternate routes [얼-트늣 ru웃ch] 우회로

◀◀◀ 7 ▶▶▶ 방송 프로그램 안내문 P1_24

Good **e**vening, **Ra**dio **Nine lis**teners. ↘// From **A**pril seven**teenth**, ↘/ **all** our **pro**gramming will be a**vai**lable on**line**. ↘// You will **al**so be **a**ble to **ac**cess our **broad**casts / from **any mo**bile **phones**, ↘/ com**pu**ters, ↘/ or **ta**blet P**C**s. ↘// If you **want** to **lis**ten to a **live pro**gram, ↘/ **go** to our **web**site/ and **click** on the **bu**tton that **says**, "**Li**sten **Live**." ↘// And **then** just en**joy** the **show**. ↘//

안녕하세요 라디오 9번 청취자 여러분. 4월 17일부터 저희의 모든 프로그램이 온라인에서 이용 가능하게 될 예정입니다. 그리고 휴대전화, 컴퓨터 또는 태블릿 PC를 사용하여 저희 방송에 접속이 가능하게 될 것입니다. 생방송을 듣고 싶으시면 웹사이트에서 "생방송 청취" 버튼을 누르세요. 그리고 쇼를 즐기세요.

VOCA April [에-이쁘를] 4월 | **pro**gramming [프로-우그래밍] 방송 프로그램 | on**line** [언라-인] 온라인 | **broad**casts [브뤄-d 캐스ch] 방송 | **mo**bile **phones** [모-우바이을 fo-운z] 휴대전화 | com**pu**ters [큼퓨-럴rs] 컴퓨터 | **live** [라-이v] 라이브의

실전 파이널 TEST

◀◀◀ SET 1 ▶▶▶ P1_25

Q1 At**ten**tion, **Margarette** Com**pu**ters **sho**ppers. ↘// At **3**pm,/ we're **ha**ving a **spe**cial e**vent**/ for our **cus**tomers. ↘// With **each pur**chase you **make** to**day**, ↘/ you will **get** a **chance** to enter the **dra**wing for a **prize**. ↘// **Prizes** in**clude dis**count **cou**pons, ↘/ **gift cards**, ↘/ and **free gifts**. ↘// **Wi**nners will be a**nnounced** on **A**pril **5**th. ↘//

Margarette 컴퓨터 고객분들께 안내 말씀드리겠습니다. 3시에 저희 고객들을 위한 특별 행사를 진행할 예정입니다. 오늘 구매하신 모든 건에 대해 경품 뽑기 기회를 제공하고자 합니다. 경품에는 할인 쿠폰, 상품권, 그리고 무료 선물이 포함됩니다. 당첨자는 4월 5일에 발표될 예정입니다.

VOCA **sho**ppers [셔-뻘rz] 쇼핑객 | **pur**chase [펄r-츠스] 구매 | **draw** [드뤄-어] 뽑다 | in**clude** [은클-루d] 포함하다 | **cou**pons [큐-우뻔z] 쿠폰들 | a**nnounced** [으나-운스d] 발표된

Q2 And **now** for the **lo**cal **wea**ther **up**date. ↘// On **Sun**day,/ we're ex**pec**ting un**u**sual **low tem**peratures / for **this** time of the **year**. ↘// If you are **pla**nning to go **out** for **out**door ac**ti**vities, ↘/ be **sure** to **dress** a**ccor**dingly. ↘// **Star**ting **next Tues**day, ↘/ the **wea**ther will re**turn** to **nor**mal. ↘// We're pre**dic**ting **war**mer **tem**peratures, ↘/ **light** rain, ↘/ and **par**tly **clou**dy **skies**. ↘//

지역 날씨 정보 시간입니다. 일요일에는 이맘때 드물게 나타나는 낮은 기온이 예상됩니다. 야외 활동을 할 예정이라면 이에 맞는 옷을 입도록 하세요. 다음 주 화요일부터 날씨는 정상으로 돌아올 예정입니다. 따뜻한 기온, 가벼운 비, 그리고 부분적으로 흐린 하늘이 예상됩니다.

VOCA **up**date [업-데잇] 업데이트 | ex**pec**ting [익스빽-띵] 예상하는 | a**ccor**dingly [어콜r-링리] 그에 맞춰 | pre**dic**ting [프뤼딕-띵] 예측하는 | **skies** [스까-이z] 하늘

◀◀◀ SET 2 ▶▶▶ PI_26

Q1 Good **e**vening **la**dies and **gen**tlemen. ↘/ **Wel**come to to**night's thea**ter per**for**mance. ↘// **All** our per**for**mers have **wor**ked in**cre**dibly **hard**/ to **put** this **show** to**ge**ther for you. ↘// **Please** re**mem**ber that/ the **use** of **mo**bile **phones**, ↘/ **ca**meras, ↘/ and **o**ther re**cor**ding de**vi**ces is **not** per**mi**tted. ↘// **Now**,/ **please** sit back, ↘/ re**lax**, ↘/ and en**joy** the **show**. ↘//

안녕하세요 신사 숙녀 여러분. 오늘 밤 극장 공연에 오신 것을 환영합니다. 모든 연기자들이 여러분들께 이 연극을 보여 드리기 위해 매우 열심히 해왔습니다. 휴대전화, 카메라, 그리고 기타 녹화 장비들의 사용은 허가되지 않는다는 점 유의하시기 바랍니다. 자 이제 앉으셔서, 긴장을 풀고, 연극을 즐기세요.

VOCA **thea**ter [thi–에럴r] 극장 | per**for**mance [프for–믄스] 공연 | in**cre**dibly [은크뤠–르블리] 엄청나게 | **ca**meras [캐–므롸z] 카메라들 | re**cor**ding [르콜r–링] 녹화하는 | per**mi**tted [플미–릇] 허용된

Q2 If you are **loo**king for an ex**ci**ting ad**ven**ture **this wee**kend, ↘/ **come vi**sit the **Summerville Zoo**. ↘// You are in**vi**ted to **see** our in**cre**dible ex**hi**bits, ↘/ in**clu**ding **a**nimals of Tan**za**nia. // **Here**,/ you can **get** a **close** look at **ti**gers, ↘/ **e**lephants, ↘/ and **ze**bras. ↘// To get more infor**ma**tion,/ **please vi**sit our **web**site. ↘//

이번 주말 신나는 모험을 찾고 계신다면 Summerville 동물원으로 오세요. Tanzania의 동물들을 포함한 멋진 전시 구경을 위해 초대합니다. 이 곳에서 호랑이, 코끼리, 그리고 얼룩말을 자세히 보실 수 있습니다. 더 많은 정보를 얻으시려면 저희 웹사이트를 방문해 주시기 바랍니다.

VOCA ex**ci**ting [익싸–이링] 신나는 | ad**ven**ture [어d ven–철r] 모험 | ex**hi**bits [이그zi–빗ch] 전시 | **e**lephants [엘–르feun ch] 코끼리들 | **ze**bras [zi–브롸z] 얼룩말들

Q 3-4

사진 묘사하기

Describe a picture

Q 3-4는 사진을 묘사하는 유형으로 한 문제가 출제됩니다. 사진이 제시되면 45초 동안 답변을 준비한 후 30초 동안 사진을 묘사하면 됩니다.

준비 시간에는 사진의 어떤 부분을 묘사할지 미리 생각하면서 간단히 메모해 두어도 됩니다.

사진을 구성하는 모든 요소를 묘사할 필요는 없지만 소수의 요소들만 묘사하더라도 인물의 인상착의, 나이, 행동, 사물의 위치나 상태 등 사진을 구성하는 것에 대해 **다양한 표현과 문장 패턴으로 묘사해야 합니다.**

자가 진단 리스트

1 30초 내에 묘사하였는가?

YES ☐ NO ☐

2 장소, 인물의 특징, 인물의 행위, 배경을 모두 묘사하였는가?

YES ☐ NO ☐

3 발음과 강세에 유의하여 묘사하였는가?

YES ☐ NO ☐

4 연결어를 사용하여 문장들을 매끄럽게 연결하였는가?

YES ☐ NO ☐

한 눈에 보기 **INTRO**

Q 3-4

시험정보

문제 번호	준비 시간	답변 시간	평가 점수
Question 3-4	45초	30초	3점

평가 기준

- 발음, 강세, 억양 기반의 전달력
- 문법과 어휘
- 묘사 방법의 다양성과 적절한 표현 구사력
- 묘사 문장들의 응집성과 일관성

빈출 사진 유형

❶ 사무실 회의 ❷ 길거리, 공원 ❸ 상점, 마트
❹ 로비, 커피숍 ❺ 야외 시장 ❻ 주방

수강생들의 FAQ

Q **장소나 사물의 명칭을 정확히 언급해야 하나요? 정확한 단어를 생각해내느라 시간이 많이 지체됩니다.**

A 묘사에 대한 진위여부 확인을 위해 묘사한 표현(단어)과 그림을 일일이 대조하여 평가하진 않습니다. 정확한 어휘를 사용하면 좋지만 주어진 시간 내에 다양한 묘사를 하는 것이 더 중요합니다. 단, 사진과 최소한의 연관성은 있어야 합니다.

Q **사진에 있는 여러 인물을 묘사하다 보면 시간이 부족합니다. 묘사해야 하는 인물의 수가 정해져 있나요?**

A 묘사하는 인물의 수는 크게 중요하지 않습니다. 얼마나 다양한 묘사를 하는지가 중요하기 때문에 묘사하는 인물이 단 한 명일지라도 그 인물에 대해 얼마나 세부적이고 사진과 연관성 있는 묘사를 하는지가 관건입니다.

TOEIC Speaking

Questions 3-4: Describe a picture

Directions:

In this part of the test, you will describe the picture on your screen in as much detail as you can.
You will have 45 seconds to prepare your response. Then you will have 30 seconds to speak about the picture.

안내문

45초의 준비 시간과 30초의 답변 시간이 주어진다는 안내 음성과 함께 같은 내용이 화면에 텍스트로 보여진다.

준비 시간 45초

문제의 사진이 화면에 제시되고 "Begin preparing now"라는 음성이 나온다. 이어지는 'beep' 소리 이후 45초의 준비 시간이 주어진다.

답변 시간 30초

준비 시간 종료 후, "Begin speaking now"라는 음성이 나온다. 이어지는 'beep' 소리 이후 30초의 답변 시간이 주어진다.

한 눈에 보기

핵심전략 Q 3-4

핵심만 한방에!

Q 3-4 사진 묘사 문제는 묘사의 다양성, 문법과 발음/강세 규칙 등 기본적인 평가 요소만 충실히 지켜 답변하면 충분히 좋은 점수를 받을 수 있다. 실전에서 즉흥적인 묘사를 시도하면 답변 퀄리티 보장이 어려우므로 어느 사진에나 적용할 수 있고 묘사의 기본적인 윤곽을 잡아주는 묘사 템플릿을 미리 준비해 두는 것이 좋다. 최소한의 어휘나 표현만 대입하여 템플릿을 그대로 적용하는 것이 최선의 전략이다.

1 준비 시간 활용 전략 (45초)

❶ 묘사할 인물과 사물을 미리 정해 둔다.

정해진 시간 내에 최대한 충실하게 묘사하기 위해 어떤 것을 묘사에 포함하고 어떤 것을 배제할 것인지 또한 묘사할 순서까지도 반드시 미리 계획해 둔다. 사진 속 모든 요소를 묘사해야 하는 것은 아니므로 사물의 명칭이나 특정 표현이 떠오르지 않으면 당황하지 말고 묘사 계획에서 과감히 제외시켜야 한다.

인물	▸ 테이블에 앉아있는 보라색 셔츠 입은 남성 wearing a purple shirt, sitting at a table ▸ 나이프를 들고 있는 주황색 원피스 입은 여성 wearing an orange dress, holding a knife ▸ 카운터 옆에 서 있는 직원 staff standing next to the counter
배경	▸ 큰 창문들 large windows

* 나머지 묘사가 어려운 부분은 전부 배제

❷ 묘사 순서를 정하여 scratch paper에 템플릿에 채워 넣을 단어 중심으로 적어 놓는다.

미리 학습한 사진 묘사용 템플릿을 떠올리며 주어진 사진을 어떤 순서로 묘사할 것인지 머릿속에 순서도를 그려 본 뒤 아래와 같이 문장에 곧장 대입하여 말할 수 있도록 순서대로 적어 둔다. 사진이 찍힌 장소에서 시작해서 핵심 인물, 주변 인물, 마지막으로 배경 묘사 표현을 적어 놓는다.

예 restaurant → purple shirt → sitting at a table → orange dress → holding a knife → staff standing at the counter → large windows

답변 전략 (30초)

❶ 정확한 발음과 강세법으로 묘사한다.

사진 묘사 유형에서도 의미 전달 효율을 높이려면 발음 및 강세에 유의하여야 한다. 아무리 좋은 어휘와 표현을 사용하더라도 평가자가 이해하기 어려운 발음과 강세로 묘사한다면 평가 자체가 불가능해지기 때문이다.

❷ 문장들이 응집력 있게 연결되도록 묘사한다.

묘사하는 문장들이 하나하나의 낱개 문장으로 들리지 않고 응집력 있는 자연스러운 답변으로 들리도록 적시 적소에 다양한 연결어들을 사용하여 묘사한다.

예 The man on the right is wearing a purple shirt. / He looks about thirty. / He is sitting at a table. / He is looking at a lady beside him. (X)

The man on the right is wearing a purple shirt. Umm ... He looks about thirty, and ... he is sitting at a table. Also, He is looking at a lady beside him. (O)

오른쪽에 있는 남성은 보라색 셔츠를 입고 있습니다. 음… 그는 30살 정도로 보이고 테이블에 앉아 있습니다. 또한 옆에 있는 여자를 보고 있습니다.

❸ 화면에 보여지는 타이머를 확인하며 다양한 답변을 안배한다.

답변 녹음이 시작되면 화면에 보이는 타이머를 수시로 확인하며 제한 시간을 효율적으로 안배해야 한다. 묘사하는 요소와 패턴이 다양해야 가점이 되기 때문에 인물 묘사를 하다가 시간이 얼마 남지 않았다고 판단되면 배경이나 다른 묘사로 넘어가는 것이 좋다.

예 The man on the right is wearing a purple shirt. Umm ... He looks about thirty and he is also wearing a brown hat. In the ... (X)

→ 인물의 인상착의 위주로만 묘사하고 그 외의 사진을 구성하는 요소는 언급하지 못했으므로 묘사의 대상과 방법이 다양하지 못하다고 평가된다.

The man on the right is wearing a purple shirt. Umm ... He looks about thirty and He is sitting at a table. Also, He is looking at a lady beside him. (15초 남았을 때) Uhm ... In the background, I can see a staff member standing at the counter. I can also see some large windows. (O)

오른쪽에 있는 남성은 보라색 셔츠를 입고 있습니다. 음… 그는 30살 정도로 보이고 테이블에 앉아 있습니다. 또한 옆에 있는 여자를 보고 있습니다. 음 … 배경에는 카운터에 서 있는 직원이 보입니다. 그리고 큰 창문들도 보입니다.

→ 인물의 인상착의를 비롯해 나이와 행위 묘사를 하였고 배경을 구성하는 요소를 상세하게 묘사하였으므로 묘사의 대상과 방법이 다양하다고 평가된다.

기본편

1 사진 묘사 필수 표현

❶ 장소 묘사

I think this picture is(was) taken at ________.
제 생각에 이 사진은 _____에서 찍힌 것 같습니다.

▸ 빈칸에 대입 가능한 표현들 [실내]

an **o**ffice 사무실
a **lo**bby 로비
a **li**brary 도서관
a **co**ffee shop 커피숍
a **store** 상점
a **kit**chen 주방
a **loun**ge 휴게실
a **res**taurant 식당
an **air**port 공항

▸ 빈칸에 대입 가능한 표현들 [야외]

a **park** 공원
the **street** 길거리
a **par**king lot 주차장
a **yard** 마당
a **mar**ketplace 시장

* 야외의 어떤 장소인지 판단이 되지 않을 때

I think this picture is taken **outdoors**. 이 사진은 야외에서 찍힌 것 같습니다.
(outdoors는 부사라서 앞에 전치사가 붙지 않음)

❷ 인물 묘사 – 의상 및 악세서리

The (lady/man) is **wear**ing ________.
(여성/남성)은 _____을/를 입고 있습니다.

▸ 빈칸에 대입 가능한 표현들

a **grey** top 회색 상의
a **white** dress 흰색 원피스
a **back**pack 책가방
earrings 귀걸이
a **blue** shirt 파란색 셔츠
a **u**niform 유니폼
sunglasses 선글라스
a **black** jacket 검은색 재킷
a **hat/cap** 모자
glasses 안경

❸ 인물 묘사 – 특징 1

He/she seems ________.
He/she looks ________.
그/그녀는 _____로/하게 보입니다.

▸ 빈칸에 대입 가능한 표현들

(**looks**) about **thirty** 30살 정도로 보인다
(**looks**) **quite** busy 꽤 바빠 보인다
(**looks**) about sixty 60살 정도로 보인다
(**seems**) **quite** tall 꽤 커 보인다

❹ 인물 묘사 – 특징 2

He/she has ________.
그/그녀는 _____(특징)을/를 갖고 있습니다.

▸ 빈칸에 대입 가능한 표현들 *명사 표현과 함께 사용

short / long hair 머리가 짧다 / 길다
a **smile** on his/her **face** 미소를 짓고 있다
dark brown hair 머리가 어두운 갈색이다

❺ 인물 묘사 – 행위, 동작

He/she is ________ing.
그/그녀는 _____을/를 하고 있습니다.

▸ 빈칸에 대입 가능한 표현들

standing near ~ (무언가)의 근처에 서 있다
looking at ~ (무언가)를 보고 있다
having a conver**sa**tion 대화를 나누고 있다
sitting on ~ (어딘가)에 앉아 있다
holding ~ (무언가)를 들고 있다

❻ 배경 묘사

In the background, I can see ________.
배경에는 _____가/이 보입니다.

▸ 빈칸에 대입 가능한 표현들

a **la**dy/**man** passing **by** 지나가고 있는 여성/남성
a **pic**ture on the **wall** 벽에 걸려 있는 그림
various items on the **rack/shelf** 선반 위에 있는 다양한 물건들
some **trees/buil**dings a**long** the **street** 길을 따라 있는 나무/건물들
some **trees/buil**dings out**side** the **win**dow 창 밖의 나무/건물들
some **cars par**ked **side** by **side** 나란히 주차된 차들

* 더 이상 묘사할 것이 없을 때

Other than that, I **can't** see anything **spe**cial. 그밖에 특별한 것은 보이지 않습니다.

2 사진 묘사 템플릿

사진 묘사 템플릿		
전체 묘사	장소	I think **this picture** is **taken** at a 장소 . 이 사진은 (장소)에서 찍힌 것 같습니다.
	사람 수	There are 숫자 **people** in the **picture**. (숫자)명의 사람들이 사진에 있습니다.
인물1 묘사	의상	The **man** in the **middle** is **wearing** a 의상 . 중간에 있는 남성은 (의상)을 입고 있습니다.
	특징	He looks about 나이 and he seems **quite** tall. 그는 (나이)살 정도 되어 보이고 키가 꽤 커 보입니다.
	행동	He is **sitting** on the 사물 . 그는 (사물)에 앉아 있습니다.
인물2 묘사	의상	The **lady** on the **left** is **wearing** a 의상 . 우측의 여성은 (의상)을 입고 있습니다.
	특징	She has 색상 hair. 그녀는 (색상) 머리를 하고 있습니다.
	행동	She is **looking** at the 사람/사물 . 그녀는 (사람/사물)을 바라보고 있습니다.
배경 묘사	배경	In the **background**, I can **see** some 사람/사물 . 배경 쪽에는 (사람/사물)이 보입니다.
		Also, I can **see** some 사람/사물 . 또한, (사람/사물)도 보입니다.

▸ 사진 확인하기

전체	장소	office 사무실
	사람 수	five people 다섯 명
인물1	의상	a white shirt 흰색 셔츠
	특징	looks quite tall 키가 꽤 커 보임
	행동	standing near the table 테이블 근처에 서 있음
인물2	의상	a yellow jacket 노란색 재킷
	특징	dark brown hair 어두운 갈색 머리
	행동	looking at the screen 화면을 보고 있음
배경	배경	glass walls 유리벽

Q 3-4

▸ 템플릿에 넣어서 말해 보기

사진 묘사 템플릿	
전체 묘사	I think **this pic**ture is **ta**ken at an office. 이 사진은 사무실에서 찍힌 것 같습니다. There are five **peo**ple in the **pic**ture. 다섯 명의 사람들이 사진에 있습니다.
인물1 묘사	The **la**dy in the **mi**ddle is **wear**ing a white shirt. 중앙에 있는 여성은 흰색 셔츠를 입고 있습니다. She **looks** about 40 and she **looks quite** tall. 그녀는 40살 정도 되어 보이고 키가 꽤 커 보입니다. She is **stan**ding near the table. 그녀는 테이블 근처에 서 있습니다.
인물2 묘사	The **man** on the right is **wear**ing a yellow jacket. 우측의 남성은 노란색 재킷을 입고 있습니다. He has dark brown hair. 그는 어두운 갈색 머리를 하고 있습니다. He is **loo**king at the screen. 그는 이 남성은 화면을 바라보고 있습니다.
배경 묘사	In the **back**ground, I can **see** some glass walls. 배경 쪽에는 유리벽이 보입니다. **Al**so, I can **see** some tables and chairs outside the window. 또한, 창밖에 데이블과 의자도 보입니다.

1 사무실 회의 사진

STEP 1 묘사 대상과 순서 결정하기

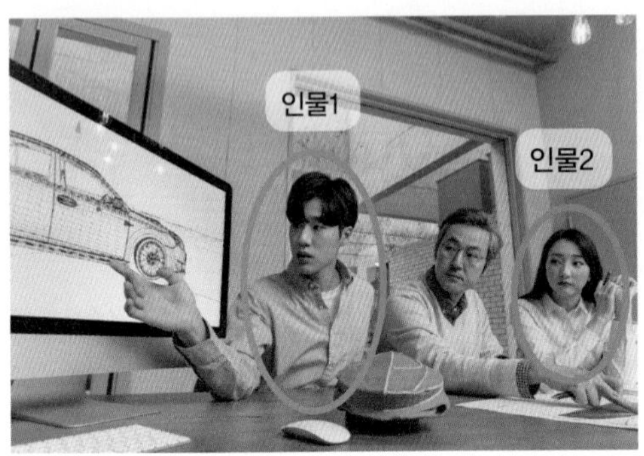

전체	장소	office 사무실
	사람 수	three people 세 명
인물1	의상	a pink shirt 핑크색 셔츠
	특징	looks quite busy 꽤 바빠 보임
	행동	sitting at a table 테이블에 앉아 있음
인물2	의상	a yellow top 노란색 상의
	머리	dark brown hair 어두운 갈색 머리
	행동	looking at the screen 화면을 보고 있음
배경	배경	large windows 큰 창문들 a building outside the window 창 밖의 건물

STEP 2 모범 답변 학습하기 P2_01

전체 묘사	I think this picture is(was) taken at an office. 이 사진은 사무실에서 찍힌 것 같습니다. There are three people in the picture. 세 명의 사람들이 사진에 있습니다.
인물1 묘사	The man on the left is wearing a pink shirt. 좌측에 있는 남성은 핑크색 셔츠를 입고 있습니다. He looks about 30 and looks quite busy. 그는 서른 살 정도 되어 보이고 꽤 바빠 보입니다. He is sitting at a table. 그는 테이블에 앉아 있습니다.
인물2 묘사	The lady on the right is wearing a yellow top. 우측의 여성은 노란색 상의를 입고 있습니다. She has dark brown hair. 그녀는 어두운 갈색 머리를 하고 있습니다. She is looking at the screen. 그녀는 화면을 바라보고 있습니다.
배경 묘사	In the background, I can see some large windows. 배경 쪽에는 큰 창문이 보입니다. Also, I can see a building outside the window. 또한, 창밖에 건물도 하나 보입니다.

STEP 3 모범 답변 복습하기 P2_01

전체 묘사	I think this picture is(was) taken at an (a) ______ . There are (b) ______ people in the picture.
인물1 묘사	The man on the left is wearing a (c) ______ . He looks about 30 and (d) ______ . He is (e) ______ .
인물2 묘사	The lady on the right is wearing a (f) ______ . She has (g) ______ hair. She is (h) ______ .
배경 묘사	In the background, I can see some (i) ______ . Also, I can see (j) ______ .

정답 (a) office (b) three (c) pink shirt (d) looks quite busy (e) sitting at a table (f) yellow top (g) dark brown (h) looking at the screen (i) large windows (j) a building outside the window

Q 3-4

Plus Question 아래 사진을 묘사해 보세요. P2_02 모범답변 P70

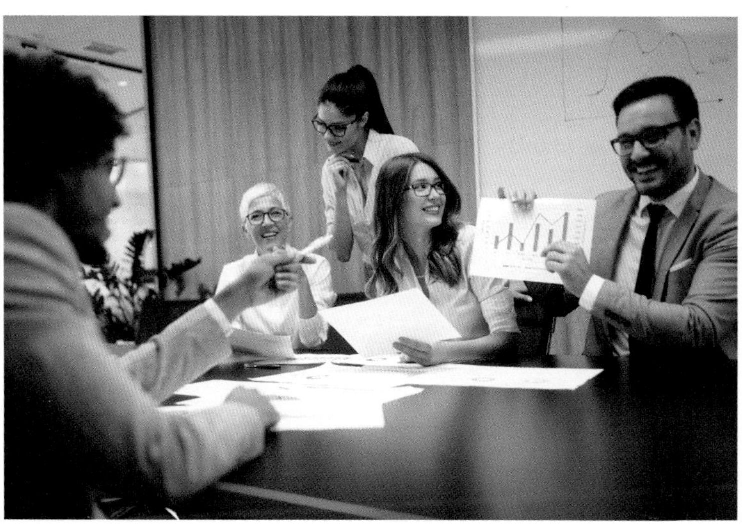

2 상점/커피숍 사진

STEP 1 묘사 대상과 순서 결정하기

전체	장소	coffee shop 커피숍
	사람 수	three people 세 명
인물1	의상	a uniform 유니폼
	특징	looks quite tall 키가 꽤 커 보임
	행동	standing at the counter 카운터에 서 있음
인물2	의상	a white top 흰색 상의
	머리	light blond hair 연한 금발 머리
	행동	holding her wallet 지갑을 들고 있음
배경	배경	racks on the wall 벽에 있는 거치대
		various items on the rack 선반 위에 다양한 물건들

STEP 2 모범 답변 학습하기 P2_03

전체 묘사	I think this picture is(was) taken at a coffee shop. 이 사진은 커피숍에서 찍힌 것 같습니다. There are three people in the picture. 세 명의 사람들이 사진에 있습니다.
인물1 묘사	The man on the left is wearing a uniform. 좌측에 있는 남성은 유니폼을 입고 있습니다. He looks about 30 and he looks quite tall. 그는 서른 살 정도 되어 보이고 키가 꽤 커 보입니다. He is standing at the counter. 그는 카운터 쪽에 서 있습니다.
인물2 묘사	The lady on the right is wearing a white top. 우측의 여성은 흰색 상의를 입고 있습니다. She has light blond hair. 그녀는 연한 금발 머리를 하고 있습니다. She is holding her wallet. 그녀는 지갑을 들고 있습니다.
배경 묘사	In the background, I can see some racks on the wall. 배경 쪽에는 벽에 걸려 있는 선반들이 보입니다. Also, I can see various items on the rack. 또한, 선반 위에 다양한 물건들도 보입니다.

STEP 3 모범 답변 복습하기 P2_03

전체 묘사	I think this picture is(was) taken at a (a) ______ . There are (b) ______ people in the picture.
인물1 묘사	The man on the left is wearing a (c) ______ . He looks about 30 and (d) ______ . He is (e) ______ .
인물2 묘사	The lady on the right is wearing a (f) ______ . She has (g) ______ hair. She is (h) ______ .
배경 묘사	In the background, I can see some (i) ______ . Also, I can see (j) ______ .

정답 (a) coffee shop (b) three (c) uniform (d) looks quite tall (e) standing at the counter (f) white top (g) lignt blond (h) holding her wallet (i) racks on the wall (j) various items on the rack

Q 3-4

Plus Question 아래 사진을 묘사해 보세요. P2_04 모범답변 P71

3 길거리 행인들 사진

STEP 1 묘사 대상과 순서 결정하기

전체	장소	street 길거리
	사람 수	many people 많은 사람들
인물1	의상	a helmet 헬멧
	특징	looks quite tall 키가 꽤 커 보임
	행동	riding a bike 자전거를 타고 있음
인물2	의상	a brown jacket 갈색 재킷
	머리	dark brown hair 어두운 갈색 머리
	행동	standing near a car 차 근처에 서 있음
배경	배경	people passing by 지나다니는 사람들 buildings along the street 길을 따라 있는 건물들

STEP 2 모범 답변 학습하기 P2_05

전체 묘사	I think this picture is(was) taken on the street. 이 사진은 길거리에서 찍힌 것 같습니다. There are many people in the picture. 많은 사람들이 사진에 있습니다.
인물1 묘사	The man on the left is wearing a helmet. 좌측에 있는 남성은 헬멧을 착용하고 있습니다. He looks about 30 and he looks quite tall. 그는 서른 살 정도 되어 보이고 키가 꽤 커 보입니다. He is riding a bike. 그는 자전거를 타고 있습니다.
인물2 묘사	The lady in the middle is wearing a brown jacket. 중앙의 여성은 갈색 재킷을 입고 있습니다. She has dark brown hair. 그녀는 어두운 갈색 머리를 하고 있습니다. She is standing near a car. 그녀는 차 근처에 서 있습니다.
배경 묘사	In the background, I can see some people passing by. 배경 쪽에는 지나다니는 사람들이 보입니다. Also, I can see some buildings along the street. 또한, 건물들이 길을 따라 있는 것도 보입니다.

STEP 3 모범 답변 복습하기 P2_05

전체 묘사	I think this picture is(was) taken (a) ______ . There are (b) ______ people in the picture.
인물1 묘사	The man on the left is wearing a (c) ______ . He looks about 30 and he (d) ______ . He is (e) ______ .
인물2 묘사	The lady in the middle is wearing a (f) ______ . She has (g) ______ hair. She is (h) ______ .
배경 묘사	In the background, I can see some (i) ______ . Also, I can see some (j) ______ .

정답 (a) on the street (b) many (c) helmet (d) looks quite tall (e) riding a bike (f) brown jacket (g) dark brown (h) standing near a car (i) people passing by (j) buildings along the street

Plus Question 아래 사진을 묘사해 보세요. P2_06 모범답변 P72

Q 3-4

공원 사진

STEP 1 묘사 대상과 순서 결정하기

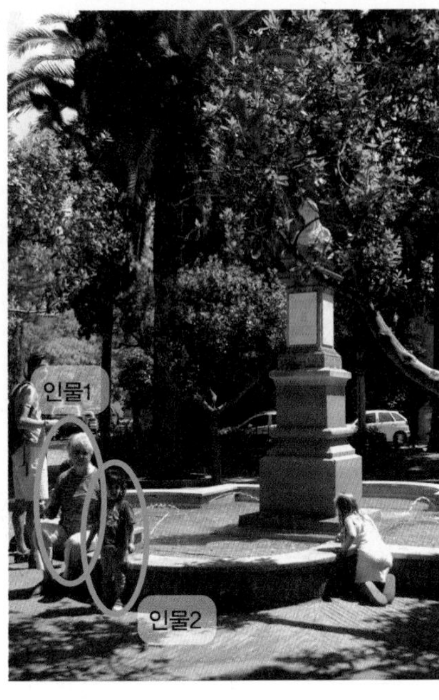

전체	장소	park 공원
	사람 수	four people 네 명
인물1	의상	a blue shirt 파란색 셔츠
	특징	a smile on her face 미소를 띠고 있음
	행동	sitting on the fountain 분수대에 앉아 있음
인물2	의상	a red top 빨간색 상의
	머리	dark brown hair 어두운 갈색 머리
	행동	standing near the old lady 노부인 근처에 서 있음
배경	배경	tall trees 큰 나무들
		cars parked side by side 나란히 주차된 차들

STEP 2 모범 답변 학습하기

P2_07

전체 묘사	I think this picture is(was) taken at a park. 이 사진은 공원에서 찍힌 것 같습니다. There are four people in the picture. 네 명의 사람들이 사진에 있습니다.
인물1 묘사	The old lady on the left is wearing a blue shirt. 좌측에 있는 노부인은 파란색 셔츠를 입고 있습니다. She looks about 70 and she has a smile on her face. 그녀는 일흔 살 정도 되어 보이고 얼굴에 미소를 띠고 있습니다. She is sitting on the fountain. 그녀는 분수대에 앉아 있습니다.
인물2 묘사	The little girl on the left is wearing a red top. 좌측의 여자아이는 빨간색 상의를 입고 있습니다. She has dark brown hair. 그녀는 어두운 갈색 머리를 하고 있습니다. She is standing near the old lady. 그녀는 노부인 근처에 서 있습니다.
배경 묘사	In the background, I can see some tall trees. 배경 쪽에는 큰 나무들이 보입니다. Also, I can see some cars parked side by side. 또한, 나란히 주차된 차들도 보입니다.

STEP 3 모범 답변 복습하기 P2_07

전체 묘사	I think this picture is(was) taken at a (a) ________ . There are (b) ________ people in the picture.
인물1 묘사	The old lady on the left is wearing a (c) ________ . She looks about 70 and she (d) ________ . She is (e) ________ .
인물2 묘사	The little girl on the left is wearing a (f) ________ . She has (g) ________ hair. She is (h) ________ .
배경 묘사	In the background, I can see some (i) ________ . Also, I can see some (j) ________ .

정답 (a) park (b) four (c) blue shirt (d) has a smile on her face (e) sitting on the fountain (f) red top (g) dark brown (h) standing near the old lady (i) tall trees (j) cars parked side by side

+ Plus Question 아래 사진을 묘사해 보세요. P2_08 모범답변 P73

공항 사진

STEP 1 묘사 대상과 순서 결정하기

전체	장소	airport 공항
	사람 수	four people 네 명
인물1	의상	a grey top 회색 상의
	특징	a smile on her face 미소를 띠고 있음
	행동	looking at something in front of him 앞에 있는 무언가를 보고 있음
인물2	의상	a white top 흰색 상의
	머리	black hair 검정색 머리
	행동	sitting on the suitcase 여행 가방 위에 앉아 있음
배경	배경	screens on the ceiling 천장에 걸려있는 모니터

STEP 2 모범 답변 학습하기

전체 묘사	I think this picture is(was) taken at an airport. 이 사진은 공항에서 찍힌 것 같습니다. There are four people in the picture. 네 명의 사람들이 사진에 있습니다.
인물1 묘사	The man on the right is wearing a grey top. 우측에 있는 남성은 회색 상의를 입고 있습니다. He looks about 40 and he has a smile on his face. 그는 마흔 살 정도 되어 보이고 미소를 띠고 있습니다. He is looking at something in front of him. 그는 앞에 있는 무언가를 보고 있습니다.
인물2 묘사	The little girl on the left is wearing a white top. 좌측의 여자 어린이는 흰색 상의를 입고 있습니다. She has black hair. 그 아이는 검정색 머리를 하고 있습니다. She is sitting on the suitcase. 그 아이는 여행 가방 위에 앉아 있습니다.
배경 묘사	In the background, I can see some screens on the ceiling. 배경 쪽에는 천장에 걸려있는 모니터 화면들이 보입니다. Other than that, I can't see anything special. 그밖에 특별한 것은 보이지 않습니다.

STEP 3 모범 답변 복습하기

전체 묘사	I think this picture is(was) taken at an (a) ____________ . There are (b) ____________ people in the picture.
인물1 묘사	The man on the right is wearing a (c) ____________ . He looks about 40 and he has a (d) ____________ . He is (e) ____________ .
인물2 묘사	The little girl on the left is wearing a (f) ____________ . She has (g) ____________ hair. She is (h) ____________ .
배경 묘사	In the background, I can see some (i) ____________ . Other than that, I can't see (j) ____________ .

정답 (a) airport (b) four (c) grey top (d) smile on his face (e) looking at something in front of him (f) white top (g) black (h) sitting on the suitcase (i) some screens on the ceiling (j) anything special

Plus Question 아래 사진을 묘사해 보세요.

모범답변 P74

유형편

6 슈퍼마켓 사진

STEP 1 묘사 대상과 순서 결정하기

전체	장소	supermarket 슈퍼마켓
	사람 수	five people 다섯 명
인물1	의상	a white top 흰색 상의
	특징	looks quite tall 키가 꽤 커 보임
	행동	looking at something on the counter 카운터 위에 있는 무언가를 보고 있음
인물2	의상	a red apron 빨간색 앞치마
	머리	light brown hair 연한 갈색 머리
	행동	sitting at the counter 카운터에 서 있음
배경	배경	various items on the shelf 선반 위 다양한 물건들
		a couple standing in line 줄 서 있는 커플

STEP 2 모범 답변 학습하기

전체 묘사	I think this picture is(was) taken at a supermarket. 이 사진은 슈퍼마켓에서 찍힌 것 같습니다. There are five people in the picture. 다섯 명의 사람들이 사진에 있습니다.
인물1 묘사	The lady on the left is wearing a white top. 좌측에 있는 여성은 흰색 상의를 입고 있습니다. She looks about 40 and she looks quite tall. 그녀는 마흔 살 정도 되어 보이고 키가 꽤 커 보입니다. She is looking at something on the counter. 그녀는 카운터 위에 있는 무언가를 보고 있습니다.
인물2 묘사	The lady on the right is wearing a red apron. 우측의 여성은 빨간색 앞치마를 입고 있습니다. She has light brown hair. 그녀는 연한 갈색 머리를 하고 있습니다. She is sitting at the counter. 그녀는 카운터에 앉아 있습니다.
배경 묘사	In the background, I can see various items on the shelf. 배경 쪽에는 선반 위에 다양한 물건들이 보입니다. Also, I can see a couple standing in line. 또한, 줄 서 있는 커플도 보입니다.

STEP 3 모범 답변 복습하기

전체 묘사	I think this picture is(was) taken at a (a) ______ . There are (b) ______ people in the picture.
인물1 묘사	The lady on the left is wearing a (c) ______ . She looks about 40 and she (d) ______ . She is (e) ______ .
인물2 묘사	The lady on the right is wearing a (f) ______ . She has (g) ______ hair. She is (h) ______ .
배경 묘사	In the background, I can see (i) ______ . Also, I can see a (j) ______ .

정답 (a) supermarket (b) five (c) white top (d) looks quite tall (e) looking at something on the counter (f) red apron (g) light brown (h) sitting at the counter (i) various items on the shelf (j) couple standing in line

Q 3-4

+ Plus Question 아래 사진을 묘사해 보세요. 모범답변 P75

TEST

Set 1

🔈 P2_09 모범답변 P76

TOEIC Speaking

Question 3-4: Describe a picture

Directions:

In this part of the test, you will describe the picture on your screen in as much detail as you can. You will have 45 seconds to prepare your response. Then you will have 30 seconds to speak about the picture.

TOEIC Speaking **Question 3 of 11**

PREPARATION TIME	RESPONSE TIME
00 : 00 : 45	00 : 00 : 30

P2_10 모범답변 P77

TOEIC Speaking Question 4 of 11

PREPARATION TIME	RESPONSE TIME
00 : 00 : 45	00 : 00 : 30

모범 답변 ANSWER

전략 다지기 유형편 Plus Question

1 사무실 회의 사진 P2_02

전체	장소	office 사무실
	사람 수	five people 다섯 명
인물1	의상	a grey jacket 회색 재킷
	특징	a smile on his face 미소를 띠고 있음
	행동	sitting at a table 테이블에 앉아 있음
인물2	의상	a blue shirt, glasses 파란색 셔츠, 안경
	머리	long black hair 긴 검은 머리
	행동	looking at something on the table 테이블 위의 무언가를 보고 있음
배경	배경	plants on the floor 바닥 위의 식물들 a white board on the wall 벽에 화이트보드

전체	I think this picture is(was) taken at an office. There are five people in the picture.	이 사진은 사무실에서 찍힌 것 같습니다. 다섯 명의 사람들이 사진에 있습니다.
인물1	The man on the right is wearing a grey jacket. He looks about 30 and he has a smile on his face. He is sitting at a table.	우측에 있는 남성은 회색 재킷을 입고 있습니다. 그는 서른 살 정도 되어 보이고 얼굴에 미소를 띠고 있습니다. 그는 테이블에 앉아 있습니다.
인물2	The lady on the left is wearing a blue shirt and glasses. She has long black hair. She is looking at something on the table.	좌측의 여성은 파란색 셔츠와 안경을 착용하고 있습니다. 그녀는 긴 검은 머리를 하고 있습니다. 그녀는 테이블 위에 있는 무언가를 보고 있습니다.
배경	In the background, I can see some plants on the floor. Also, I can see a whiteboard on the wall.	배경 쪽에는 바닥 위에 있는 식물들이 보입니다. 또한, 벽에 있는 화이트보드도 보입니다.

VOCA whiteboard 칠판, 화이트보드

2 상점/커피숍 사진 P2_04

전체	장소	coffee shop 커피숍
	사람 수	five people 다섯 명
인물1	의상	a black apron 검은색 앞치마
	특징	a smile on his face 미소를 띠고 있음
	행동	standing next to the table 테이블에 옆에 서 있음
인물2	의상	a green shirt 초록색 상의
	머리	light blond hair 연한 금발 머리
	행동	holding a mug 머그잔을 쥐고 있음
배경	배경	windows, glass walls 창문들, 유리 벽
		lights on the ceiling 천장에 전등들

전체	I think this picture is(was) taken at a coffee shop. There are five people in the picture.	이 사진은 커피숍에서 찍힌 것 같습니다. 다섯 명의 사람들이 사진에 있습니다.
인물1	The man on the right is wearing a black apron. He looks about 30 and he has a smile on his face. He is standing next to the table.	우측에 있는 남성은 검은색 앞치마를 입고 있습니다. 그는 서른 살 정도 되어 보이고 얼굴에 미소를 띠고 있습니다. 그는 테이블 옆에 서 있습니다.
인물2	The lady on the left is wearing a green shirt. She has light blond hair. She is holding a mug in her hand.	좌측의 여성은 초록색 셔츠를 입고 있습니다. 그녀는 연한 금발 머리를 하고 있습니다. 그녀는 손에 머그잔을 쥐고 있습니다.
배경	In the background, I can see some windows and glass walls. Also, I can see some lights on the ceiling.	배경 쪽에는 창문들과 유리벽이 보입니다. 또한, 천장에 전등들도 보입니다.

VOCA apron 앞치마 | mug 머그컵 | ceiling 천장

◀◀◀ 3 ▶▶▶ 길거리 행인들 사진 P2_06

전체	장소	street 길거리
	사람 수	a lot of people 많은 사람들
인물1	의상	a blue jacket 파란색 재킷
	특징	looks quite tall 키가 꽤 커 보임
	행동	walking on the street 거리를 걷고 있음
인물2	의상	a black shirt 검은색 셔츠
	머리	short brown hair 짧은 갈색 머리
	행동	holding a guitar 기타를 들고 있음
배경	배경	people passing by 지나다니는 사람들 stores along the street 길을 따라 있는 상점들

전체 I think this picture is(was) taken on the street.
There are a lot of people in the picture.

인물1 The lady on the left is wearing a blue jacket.
She looks about 30
and she looks quite tall.
She is walking on the street.

인물2 The man on the right is wearing a black shirt.
He has short brown hair.
He is holding a guitar in his hand.

배경 In the background, I can see some people passing by.
Also, I can see some stores along the street.

이 사진은 길거리에서 찍힌 것 같습니다.
많은 사람들이 사진에 있습니다.

좌측에 있는 여성은 파란색 재킷을 입고 있습니다.
그녀는 서른 살 정도 되어 보이고
키가 꽤 커 보입니다.
그녀는 거리를 걷고 있습니다.

우측의 남성은 검은색 셔츠를 입고 있습니다.
그는 짧은 갈색 머리를 하고 있습니다.
그는 손에 기타를 들고 있습니다.

배경 쪽에는 지나다니는 사람들이 보입니다.
또한, 길을 따라 있는 상점들도 보입니다.

VOCA pass by (옆을) 지나가다

4 공원 사진 P2_08

전체	장소	park 공원
	사람 수	a lot of people 많은 사람들
인물1	의상	a dark grey shirt 어두운 회색 셔츠
	특징	a smile on her face 미소를 띠고 있음
	행동	standing near the stone fence 돌담 근처에 서 있음
인물2	의상	a black shirt 검은색 셔츠
	머리	dark brown hair 어두운 갈색 머리
	행동	holding a camera 카메라를 들고 있음
배경	배경	people passing by 지나다니는 사람들 tall trees, a flag 큰 나무들, 깃발

전체 I think this picture is(was) taken at a park.
There are a lot of people in the picture.

인물1 The lady in the middle is wearing a dark grey shirt.
She looks about 30
and she has a smile on her face.
She is standing near the stone fence.

인물2 The lady on the right is wearing a black shirt.
She has dark brown hair.
She is holding a camera in her hand.

배경 In the background, I can see some people passing by.
Also, I can see some tall trees and a flag.

이 사진은 공원에서 찍힌 것 같습니다.
많은 사람들이 사진에 있습니다.

중앙에 있는 여성은 어두운 회색 셔츠를 입고 있습니다.
그녀는 서른 살 정도 되어 보이고
얼굴에 미소를 띠고 있습니다.
그녀는 돌담 근처에 서 있습니다.

우측의 여성은 검은색 셔츠를 입고 있습니다.
그녀는 어두운 갈색 머리를 하고 있습니다.
그녀는 손에 카메라를 들고 있습니다.

배경 쪽에는 지나다니는 사람들이 보입니다.
또한, 큰 나무들과 깃발도 보입니다.

VOCA stone fence 돌담, 돌벽 | flag 깃발

◀◀◀ 5 ▶▶▶ 공항 사진

전체	장소	airport 공항
	사람 수	a lot of people 많은 사람들
인물1	의상	a blue top 파란색 상의
	특징	looks quite tall 키가 꽤 커 보임
	행동	holing something 무언가를 들고 있음
인물2	의상	a white dress 흰색 원피스
	머리	dark brown hair 어두운 갈색 머리
	행동	standing in line 줄 서 있음
배경	배경	people passing by 지나다니는 사람들

전체 I think this picture is(was) taken at an airport.
There are a lot of people in the picture.

인물1 The lady on the left is wearing a blue top.
He looks about 40 and he looks quite tall.
He is holding something in his hand.

인물2 The lady on the right is wearing a white dress.
She has dark brown hair.
She is standing in line.

배경 In the background, I can see some people passing by.
Other than that, I can't see anything special.

이 사진은 공항에서 찍힌 것 같습니다.
많은 사람들이 사진에 있습니다.

좌측에 있는 남성은 파란색 상의를 입고 있습니다.
그는 마흔 살 정도 되어 보이고 키가 꽤 커 보입니다.
그는 손에 무언가를 쥐고 있습니다.

우측의 여성은 흰색 원피스를 입고 있습니다.
그녀는 어두운 갈색 머리를 하고 있습니다.
그녀는 줄 서 있습니다.

배경 쪽에는 지나다니는 사람들이 보입니다.
그밖에 특별한 것은 보이지 않습니다.

VOCA pass by (옆을) 지나가다

6 슈퍼마켓 사진

전체	장소	supermarket 슈퍼마켓
	사람 수	two people 두 명
인물1	의상	a purple top 보라색 상의
	특징	smile on her face 미소를 띠고 있음
	행동	holding a loaf of bread 빵을 들고 있음
인물2	의상	a pink top 분홍색 상의
	머리	brown hair 갈색 머리
	행동	looking at the bread 빵을 보고 있음
배경	배경	various items on the shelf 선반 위 다양한 물건들

전체	I think this picture is(was) taken at a supermarket. There are two people in the picture.	이 사진은 슈퍼마켓에서 찍힌 것 같습니다. 두 사람이 사진에 있습니다.
인물1	The lady on the left is wearing a purple top. She looks about 40 and she has a smile in her face. She is holding a loaf of bread in her hand.	좌측에 있는 여성은 보라색 상의를 입고 있습니다. 그녀는 마흔 살 정도 되어 보이고 미소를 띠고 있습니다 그녀는 손에 빵을 들고 있습니다.
인물2	The little girl on the right is wearing a pink top. She has dark brown hair. She is looking at the bread.	우측의 여자 어린이는 분홍색 상의를 입고 있습니다. 그녀는 어두운 갈색 머리를 하고 있습니다. 그녀는 빵을 보고 있습니다.
배경	In the background, I can see various items on the shelf. Other than that, I can't see anything special.	배경 쪽에는 다양한 물건들이 보입니다. 그밖에 특별한 것은 보이지 않습니다.

VOCA stone fence 돌담, 돌벽 | flag 깃발

실전 파이널 TEST

SET 1

P2_09

전체	장소	kitchen 주방
	사람 수	four people 네 명
인물1	의상	a black uniform 검은색 유니폼
	특징	looks quite busy 꽤 바빠 보임
	행동	standing near the rack 선반 근처에 서 있음
인물2	의상	a black uniform as well 또한 검은색 유니폼
	머리	headscarf 두건
	행동	looking at the pan 프라이팬을 보고 있음
배경	배경	kitchen appliances 주방 용품들 people having a conversation 대화 중인 사람들

전체	I think this picture is(was) taken in a kitchen. There are four people in the picture.	이 사진은 주방에서 찍힌 것 같습니다. 네 명의 사람들이 사진에 있습니다.
인물1	The man on the right is wearing a black uniform. He looks about 30 and he looks quite busy. He is standing near the rack.	우측에 있는 남성은 검은색 유니폼을 입고 있습니다. 그는 서른 살 정도 되어 보이고 꽤 바빠 보입니다. 그는 선반 근처에 서 있습니다.
인물2	The man on the left is wearing a black uniform as well. He is also wearing a headscarf. He is looking at the pan in his hand.	좌측의 남성 또한 검은색 유니폼을 입고 있습니다. 그는 두건도 착용하고 있습니다. 그는 손에 들고 있는 프라이팬을 보고 있습니다.
배경	In the background, I can see some kitchen appliances. Also, I can see some people having a conversation.	배경 쪽에는 주방 용품들이 보입니다. 또한, 대화 중인 사람들도 보입니다.

VOCA rack 선반 | headscarf 두건 | pan 프라이팬, 냄비 | kitchen appliances 주방 용품들

🔊 P2_10

전체	장소	outdoors 야외
	사람 수	about eight people 대략 여덟 명
인물1	의상	a pink dress 핑크색 원피스
	특징	a smile on her face 미소를 띠고 있음
	행동	sitting at a table 테이블에 앉아 있음
인물2	의상	a yellow top 노란색 상의
	머리	short brown hair 짧은 갈색 머리
	행동	holding a bottle 병을 들고 있음
배경	배경	flowers and grass 꽃과 잔디 can't see anything special 특별한 것이 보이지 않음

전체	I think this picture is(was) taken outdoors. There are about eight people in the picture.	이 사진은 야외에서 찍힌 것 같습니다. 대략 여덟 명의 사람들이 사진에 있습니다.
인물1	The lady on the left is wearing a pink dress. She looks about 30 and she has a smile on her face. She is sitting at a table.	좌측에 있는 여성은 핑크색 원피스를 입고 있습니다. 그녀는 서른 살 정도 되어 보이고 얼굴에 미소를 띠고 있습니다. 그녀는 테이블에 앉아 있습니다.
인물2	The man in the middle is wearing a yellow top. He has short brown hair. He is holding a bottle in his hand.	중앙의 남성은 노란색 상의를 입고 있습니다. 그는 짧은 갈색 머리를 하고 있습니다. 그는 손에 병을 들고 있습니다.
배경	In the background, I can see some flowers and grass. Other than that, I can't see anything special.	배경 쪽에는 꽃들과 잔디가 보입니다. 그것을 제외하고는 특별한 것이 보이지 않습니다.

VOCA grass 잔디 | bottle 병

Q 5-7

질문에 대답하기

Respond to questions

Q 5-7은 특정 주제에 관한 연속되는 세 개의 질문에 답변하는 파트입니다.

주로 수험자 본인의 선호도나 경험 혹은 일반 사람들의 성향에 대한 질문들이며, 각 질문의 요지에 맞는 답변을 해야 합니다. 비교적 짧은 제한시간 내에 이해 가능한 발음, 강세 그리고 문법에 맞도록 답변을 전달해야 합니다.

각 질문이 음성과 지문으로 제시된 후 3초씩 준비 시간이 주어지며 그 이후에 5, 6번 은 15초, 7번은 30초의 응답 시간이 주어집니다.

자가 진단 리스트

1 각 문항의 제한시간 내에 모든 질문에 답변을 하였는가?

YES □ NO □

2 각 질문의 요지에 맞는 정확한 답변을 하였는가?

YES □ NO □

3 발음과 강세에 유의하여 답변하였는가?

YES □ NO □

4 답변들끼리 대립되는 내용은 없는가?

YES □ NO □

INTRO

시험정보

문제 번호	준비 시간	답변 시간	평가 점수
Question 5 −7 (연계 3문항)	문항당 3초씩	Q5 : 15초 Q6 : 15초 Q7 : 30초	문항당 0 ~ 3점

평가 기준	
발음, 강세, 억양 기반의 전달력	각 질문들에 부합하는 답변 여부
문법, 어휘 선택, 문장 완성도	세 문항에 대한 답변의 일관성

빈출 질문 유형		
❶ 활동 빈도	❷ 최근 활동 시점	❸ 선호도
❹ 보기 중 선택	❺ 추천 요청	

수강생들의 FAQ

Q 제한시간 내에 답변을 하지 못하거나 주어진 시간을 다 채우지 못하면 크게 감점이 되나요?

A 질문에서 묻는 부분에 대해서는 제한시간 내에 답변을 해야 합니다. 시간 내에 질문 요지에 충족하는 답변을 하지 못한 경우 높은 점수를 받기 어렵습니다. 또한 정확한 과제 수행력을 기준으로 평가하기 때문에 시간을 모두 채워 답변할 필요는 없습니다. 단, 이미 질문 요지에 충분히 답변한 뒤 부연을 하다 끊긴 경우에는 점수에 큰 영향은 없습니다.

Q 워낙 짧은 시간이 주어지는 파트이다 보니 사전에 학습한 문장 외에는 즉흥적으로 답변을 생각해 내기가 너무 어렵습니다. 문법에 자신이 없는데 그래도 최선을 다해 작문한 문장을 구사하는 게 좋을까요?

A 수험생들이 가장 답변하기 어려워하고 감점이 많이 되는 부분이 구체적인 이유 설명 부분입니다. 이해 가능한 문장으로 답변하는 것이 가장 중요한 만큼 절대 복잡하고 상세한 이유를 말하려고 하지 말고 단순한 이유라도 문법에 맞는 안정적인 문장으로 전달하려고 노력해야 합니다. 뻔한 이유일지라도 납득이 가능한 답변이면 감점되지 않습니다.

3 시험화면

TOEIC Speaking

Questions 5-7: Respond to questions

Directions:

In this part of the test, you will answer three questions. You will have three seconds to prepare after you hear each question. You will have 15 seconds to respond to Questions 5 and 6 and 30 seconds to respond to Question 7.

안내문

답변 준비 시간은 각 문항에 대해 3초가 주어지고 답변 시간은 5~6번에 15초, 7번에 30초가 주어진다는 안내 음성과 함께 같은 내용이 화면에 텍스트로 보여진다.

TOEIC Speaking

Question 5/6/7 of 11

Imagine that you are having a conversation with your neighbor about coffee shops.

How often do you go to a coffee shop?

PREPARATION TIME
00 : 00 : 03/03/03

준비 시간 3초

특정 주제에 관하여 설문조사 참여나 지인과 통화 중이라는 설정을 알리는 내용이 음성과 함께 제시된다. 이후 5, 6, 7번 문제가 차례대로 화면에 나타난다. 각 문제가 제시된 직후 "Begin preparing now"라는 음성에 이어 "beep" 소리가 나오고 이후 3초씩의 준비 시간이 주어진다.

TOEIC Speaking

Question 5/6/7 of 11

Imagine that you are having a conversation with your neighbor about coffee shops.

When was the last time you went to a coffee shop?
Who did you go with?

RESPONSE TIME
00 : 00 : 15/15/30

답변 시간 15초/15초/30초

준비 시간 종료 후, "Begin speaking now."라는 음성이 나온다. 이어지는 "beep" 소리 이후 문항 별로 정해진 답변 시간이 주어진다.

한 눈에 보기

핵심전략

Q 5-7

핵심만 한방에!

Q 5-7는 짧은 시간 동안 다양한 주제의 여러 질문에 답변해야 하므로 대응력과 순발력이 가장 중요하다. 5, 6번은 보통 한 문항에 두 가지 질문을 포함하기 때문에 Q 5-7에서 실제로 답변해야 하는 질문의 수는 평균 5개이다. 그만큼 각양각색 질문들에 맞는 답변이 요구되어 질문 유형 사전 분석이 매우 중요하다. 자주 출제되는 정형화된 질문들은 실전에서 바로 사용할 수 있는 유형 별 맞춤 템플릿을 미리 준비해 대비하는 것이 가장 확실한 공략법이다.

1 준비 시간 활용 전략 (각 3초)

● 질문 내용 숙지와 해석에만 집중한다.

Q 5-7는 비교적 짧은 준비 시간이 주어지기 때문에 scrap paper에 필기를 하며 답변을 구상하는 것은 바람직하지 않다. 질문 요지에 알맞은 방향으로 답변하기 위해 문제 해석과 이해에만 힘쓰도록 한다.

2 답변 전략 (각 15, 15, 30초)

❶ 문제에 사용된 표현을 인용하여 문법 오류를 최소화한다

문제가 화면에 텍스트로도 제시되기 때문에 이를 그대로 답변에 인용하면 답변 시 문법 오류를 최소화할 수 있다.

예

Q Which piece of technology **do you use** most often at your school or workplace?
어떤 종류의 기술을 학교나 직장에서 가장 많이 사용합니까?

A The piece of technology **I use** most often at my school is my cell phone.
제가 학교에서 가장 많이 사용하는 기술의 종류는 휴대전화입니다.

→ 문제에서 답변에 인용 가능한 부분을 최대한 활용하고 대명사, 주어-동사 어순 등은 답변 의도에 맞게 수정한다.

❷ 화면에서 제한 시간을 확인하며 답변한다.

유사한 질문이라도 몇 번으로 출제되느냐에 따라 주어진 답변 시간이 다르다. 답변 시간에 따라 선택해야 할 템플릿과 답변의 구체성이 달라질 수 있으므로 각 문제의 답변 제한 시간을 반드시 확인한다. 이 시간을 유념하여 답변 방향과 발화량에 대한 윤곽을 잡아 놓고 답변한다.

예

Q Do you like to travel alone or with a professional guide in a different country? Why?

다른 나라에서 혼자 여행하는 것이 좋습니까, 아니면 전문 가이드와 함께 여행하는 것이 좋습니까? 왜 그렇습니까?

▸ **답변 시간이 15초일 때**

Well, I think it depends on the situation.
I sometimes like to travel alone, but I sometimes like to travel with a professional guide as well.

글쎄요, 저는 상황에 따라 다르다고 생각합니다.
어떨 땐 혼자 여행을 하고 싶은데 또 어떨 땐 전문 가이드와 함께 여행하고 싶기도 합니다.

→ 제한 시간이 빠듯한 점을 고려하여 상황에 따라 양자 모두를 택한다는 포괄적 답변을 한다.

▸ **답변 시간이 30초일 때**

Well, I think it depends on the situation.
I sometimes like to travel alone, but I sometimes like to travel with a professional guide as well.
However, I think travelling with a guide would be more convenient.
That's because guides know a lot about tourist attractions. So, I can save my time and energy. I don't have to waste time searching.

글쎄요, 저는 상황에 따라 다르다고 생각합니다.
어떤 땐 혼자 여행을 하고 싶은데 또 어떨 땐 전문 가이드와 함께 여행하고 싶기도 합니다.
하지만 가이드와 함께 여행하는 것이 더 편리할 것 같습니다.
왜냐하면 가이드는 관광 명소에 대해 많이 알고 있기 때문입니다. 그래서 저는 시간과 에너지를 아낄 수 있습니다. 조사를 하느라 시간 낭비를 하지 않아도 되거든요.

→ 제한 시간이 넉넉한 점을 고려하여 처음엔 양자 모두가 좋다고 말한 후 더 선호하는 한쪽을 선택하여 구체적인 근거를 들어 상대적으로 상세하게 답변하며 발화량을 늘린다.

❸ 질문 취지에 맞게 정확하게 답변한다.

답변이 질문 요지에서 벗어나지 않도록 반드시 질문에서 요구하는 '대상'과 '시제' 조건에 알맞게 답변한다.

예

Q Do people around you use social networking websites often? Why or why not?
주변 사람들이 SNS를 자주 이용합니까? 왜 그런가요 혹은 왜 그렇지 않나요?

A I use social networking websites quite often. That's because ... (X)
저는 SNS를 제법 자주 사용합니다. 왜냐하면 ...

People around me use social networking websites quite often. That's because ... (O)
제 주변 사람들은 SNS를 제법 자주 사용합니다. 왜냐하면 ...

→ 주변 지인들에 대해 묻는 질문이므로 본인의 입장에서 답변하지 않는다.

Q When was the last time you went shopping?
가장 최근 쇼핑을 갔었던 건 언제였나요?

A I go shopping last week. (X)
저는 지난주에 쇼핑을 갑니다.

The last time I went shopping was two weeks ago. (O)
제가 가장 최근에 쇼핑을 갔던 건 2주 전이었습니다.

→ 지난 경험에 대해 묻는 질문이므로 과거 시제로 답변한다.

❹ 핵심적인 답변을 먼저 한 후 시간이 남으면 부연한다.

반드시 질문에 대해 먼저 답변한 후 더하고 싶은 설명은 시간이 남는 경우에만 시도한다. 화려한 표현들을 쓴 장황한 답변보다 평범한 표현을 쓰더라도 질문 요지에 맞는 정확하고 간결한 답변이 가점에 유리하다.

예

Q When was the last time you went to a park in your area?
가장 최근에 당신의 동네에 있는 공원에 갔던 것은 언제입니까?

A I like going to parks. That's because I can enjoy many kinds of activities there. (X)
저는 공원에 가는 것을 좋아합니다. 왜냐하면 그곳에서 다양한 활동을 즐길 수 있기 때문이죠.

The last time I went to a park in my area was a few weeks ago.
+ I go to parks quite often, because I can enjoy many kinds of activities there. (O)
가장 최근 동네에 있는 공원에 갔던 건 몇 주 전이었습니다.
+ 저는 공원에 꽤 자주 가는데 그곳에서 다양한 활동을 즐길 수 있기 때문이죠.

→ 질문의 요지인 공원에 간 시점에 대해 정확하게 답변한 이후에 이유나 감상 등 추가 설명은 시간이 남는 경우에만 덧붙인다.

❺ 연계 질문에 대해 일관성 있게 답변한다.

한 파트는 한 명의 채점관이 평가하므로 Q5, 6, 7의 답변들끼리 일관성이 없는 경우도 감점의 원인이 된다. 답변들의 입장이 서로 대립되지 않도록 일관된 방향으로 답변해야 한다.

Q4 Do you like shopping for shoes?
구두 쇼핑을 좋아하나요?

A4 I like shopping for shoes very much.
구두 쇼핑을 아주 좋아합니다.

Q5 How often do you go shopping?
얼마나 자주 쇼핑을 가나요?

A5 I don't go shopping that often. I think shopping is boring. (X)
쇼핑을 그렇게 자주 가지는 않습니다. 쇼핑은 지루한 것 같습니다.

I go shopping at least once a week. I think shopping is fun. (O)
적어도 일주일에 한 번은 쇼핑을 합니다. 쇼핑은 재밌습니다.

→ Q5의 답변에서 쇼핑을 좋아한다고 말했다면 Q6의 답변에서도 이와 일관된 입장을 고수해야 한다.

전략 다지기 기본편

Q5-7

1 질문 파악하기

준비 시간이 거의 없이 즉답에 가까운 대응이 요구되는 파트인 만큼 질문의 요지를 빨리, 정확하게 파악하는 것이 중요하다. 이를 위해 정확한 해석 능력이 요구된다.

❶ 질문의 주제 파악하기

문항별 질문이 제시되기에 앞서 질문의 취지에 대한 설명과 **주제**가 아래와 같이 **내레이션**과 **텍스트**로 먼저 주어진다. 이 부분을 놓치더라도 이어지는 질문들에 답변하는 데는 큰 어려움이 없지만 주제를 미리 인지한 상태라면 후속 질문들에 대한 이해와 해석에 더 유리하므로 주제만이라도 미리 인지해 두도록 하자.

Imagine that you are talking on the phone to your neighbor. You are talking about shopping for shoes.

이웃과 통화 중이라 상상해보세요. 신발 구매에 대해 이야기하고 있습니다.

▸ **주제 분석**

shopping for shoes → 신발 구매에 대해 후속 질문들이 주어진다는 점을 미리 파악

❷ 질문의 유형 파악하기

개별 질문들의 경우, **의문사**를 포함해 문장의 **시작 부분**이 대부분 문제의 유형을 결정하므로 해당 부분에 집중하여 질문 요지를 정확히 파악한다.

Q When was the last time you bought a pair of shoes? Are you happy with what you got?

가장 최근 신발을 구매한 것은 언제였나요? 구매한 신발에 대해 만족하나요?

▸ **첫 번째 질문 유형 분석**

When was the last time ... → '최근 특정 행위를 했던 시점'을 묻는 질문 유형

▸ **두 번째 질문 유형 분석**

Are you happy with ... → '상품이나 서비스 등에 대한 만족도'를 묻는 질문 유형

❸ 지문의 시제 파악하기

Q 5–7의 질문들을 시제의 관점에서 구분할 때 과거 시제는 '**지난 경험**'에 대한 질문이며, 현재 시제는 '**평소 성향**'에 대한 질문이다. 이 밖의 다른 시제를 활용해 답변해야 하는 경우는 드물며 질문에서 묻는 시제와 일치하지 않는 답변은 크게 감점이 된다.

Q When was the last social event you attended? How often do you attend social events?
가장 최근 친목 행사에 참여한 것은 언제였나요? 얼마나 자주 친목 행사에 참여합니까?

▸ **첫 번째 질문 시제 분석**

was the last / attended → 지난 경험을 묻는 질문이므로 과거 시제이다.

▸ **두 번째 질문 시제 분석**

do you attend → 평소 성향을 묻는 질문이므로 현재 시제이다.

Q 5-7

❹ 질문의 대상 파악하기

질문의 대상에 주의를 기울이지 않고 항상 자신의 입장에서 답변하는 것은 수험자들이 흔히 범하는 실수이다. 문제를 보고 들을 때 질문의 대상을 명확히 파악하여 그 대상을 주어로 하여 답변해야 한다.

Q 5–7에 나오는 질문의 대상

- 수험자 **본인**
- **주변인** (직장 동료, 학교 친구)
- **일반적인 사람들**

Q What time of the year do people typically like to visit parks in your area? Why?
당신의 동네에선 사람들이 보통 연중 어떤 시기에 공원에 가나요? 왜 그런가요?

▸ **대상 분석**

do people → 일반 사람들의 성향을 묻는 질문

2 질문 키워드별 답변 템플릿

빈출도가 가장 높은 대표 질문 유형들과 이에 대해 최적화된 답변 템플릿을 숙지하여 실전에서 빠르고 정확하게 답변할 수 있도록 한다. 템플릿에 넣어서 질문에 맞게 답변을 완성할 기본 표현들도 함께 익혀 두도록 하자.

❶ 시간 관련 질문

최근 활동 시기 the last time 가장 최근 ~ 한 것이 언제였나요?

Q When was the last time you read a book?
가장 최근에 책을 읽은 것이 언제였나요?

A The last time I read a book was a few [days / weeks / months] ago.
가장 최근 책을 읽은 것은 몇 [일 / 주 / 달] 전이었습니다.

활동 빈도 How often 얼마나 자주 ~을 하나요?

Q How often do you go swimming?
얼마나 자주 수영을 가나요?

A I go swimming once a [day / week / month].
저는 [하루에 / 일주일에 /한 달에] 한 번 수영을 갑니다.

활동 빈도 How much time do you spend ~을 하는 데 얼마나 시간을 쓰나요?

Q How much time do you spend on using your phone?
휴대전화를 사용하는 데 얼마나 시간을 쓰나요?

A I use my phone all day long.
저는 휴대전화를 하루 종일 사용하는 편입니다.

거리 How far ~가 얼마나 멀리 있나요?

Q How far is the nearest flower shop?
가장 가까운 꽃 가게가 얼마나 멀리 있나요?

A It's about a twenty minutes' walk from my [place / school / office].
저희 [집 / 학교 / 사무실]에서 걸어서 20분 거리입니다.

지속 기간 How long 얼마나 오래 ~을 했나요?

Q How long have you lived in your area?
지금의 동네에서 얼마나 오래 살았나요?

A I have lived in my area for a few years.
저는 이 동네에서 몇 년간 살았습니다.

특정 시간대 What time 몇 시에 ~을 하나요?

Q What time do people normally have lunch at your workplace or school?
당신의 직장이나 학교에서 사람들이 주로 몇 시에 점심을 먹나요?

A Well, it depends on the person. But most people have lunch whenever they want to.
글쎄요, 사람마다 다릅니다. 그런데 대부분의 사람들이 그들이 원할 때 점심을 먹습니다.

연중 특정 시기 What time of the year 연중 어떤 시기에 ~을 하나요?

Q What time of a year do you go swimming the most? Why?
연중 어떤 시기에 주로 수영을 가나요? 왜 그런가요?

A Well, it depends. I just go swimming whenever I want to.
글쎄요, 상황에 따라 다릅니다. 저는 그냥 제가 원할 때 수영하러 갑니다.

❷ 장소 관련 질문

물건 구매 장소 buy + where would you recommend ~을 사기 위한 장소로 어디를 추천하나요?

Q I need to buy some clothes to wear to my friend's birthday party. Where would you recommend that I go and why?
친구의 생일파티에 입을 옷을 사야 합니다. 어디로 갈 것을 추천하나요? 왜 그런가요?

A I would recommend a shopping center near my place.
+ It is the most popular place to shop for clothes. They have many kinds of clothes. Also, you can buy them at reasonable prices. So, this is why I strongly recommend the shopping center.
저라면 저희 집 근처의 쇼핑몰을 추천하겠습니다.
+ 옷을 사기에 가장 인기 있는 장소입니다. 그곳엔 많은 종류의 옷들이 있습니다. 그리고 저렴한 가격에 옷을 살 수 있습니다. 이것이 제가 그 쇼핑몰을 강력히 추천하는 이유입니다.

외식 장소 where … eat 어디에서 외식을 하나요?

Q Where do you typically go out to eat in your area and why?
주로 동네의 어디에서 외식을 하나요? 왜 그런가요?

A I usually go out to eat at a Korean restaurant near my place.
+ It is the most popular place to have Korean food. They serve many kinds of tasty food. Also, you can enjoy nice meals at reasonable prices. So, this is why I normally go out to eat at a nice Korean restaurant.
저는 주로 집 근처 한식당에서 외식을 합니다.
+ 한식을 먹는 데 있어 가장 인기 있는 장소입니다. 그곳에선 많은 종류의 맛있는 음식들을 판매합니다. 그리고 맛있는 식사를 저렴한 가격에 즐길 수 있습니다. 이것이 제가 주로 근사한 한식당에서 외식을 하는 이유입니다.

여가를 즐기는 장소 visit a park … spend free time 여가 시간을 보내기 위해 공원에 가나요?

Q Would you ever visit a park to spend your free time? Why or why not?
여가 시간을 보내기 위해 공원에 가겠습니까? 왜 그런가요 혹은 왜 그렇지 않나요?

A I would visit a park to spend my free time.
+ Parks are one of the most popular places to enjoy activities. I can play many kinds of sports there. Also, I can use sports facilities at reasonable prices. So, this is why I would visit a park to spend my free time.
저라면 여가 시간에 공원에 가겠습니다.
+ 공원은 활동을 즐기기에 가장 인기 있는 장소입니다. 그곳에서 다양한 종류의 스포츠를 즐길 수 있습니다. 그리고 저렴한 가격에 운동 시설도 이용할 수 있습니다. 이것이 제가 여가 시간에 공원에 갈 의향이 있는 것에 대한 이유입니다.

❸ 선호도와 일반적 견해 관련 질문

호불호 혹은 관심사 Do you like ~을 좋아합니까?

Q Do you like listening to music? Why or why not?

음악 듣는 것을 좋아하나요? 왜 그런가요 혹은 왜 그렇지 않나요?

A I like listening to music. That's because it is always fun.

\+ I am quite interested in music.

저는 음악 듣는 것을 좋아합니다. 왜냐하면 그것은 언제나 즐겁기 때문이죠.

\+ 저는 음악에 제법 관심이 있습니다.

선호도 Do you prefer … or 어느 것을 더 선호합니까?

Q Do you prefer to travel alone or with your friends?

혼자 여행하는 것을 선호하나요 친구와 함께 여행하는 것을 선호하나요?

A Well, it depends on where I go.

\+ I sometimes like to travel alone, but I sometimes like to travel with my friends.

글쎄요, 제가 어디에 가느냐에 따라 다를 것 같습니다.

\+ 어떨 땐 혼자 여행하고 싶지만 또 어떨 땐 친구들과 함께 여행하고 싶습니다.

보기 중 선택 Which of the following … most important 아래 보기 중 어느 것이 가장 중요합니까?

Q Which of the following would be most important when choosing a mall to go shopping?

아래 보기 중 쇼핑하러 갈 쇼핑몰을 선택하는 데 있어 가장 중요한 것은 무엇인가요?

- prices of products 상품의 가격
- distance from your home 집으로부터의 거리
- opening hours 영업시간

A I think the distance from my home would be most important. If the mall is close to my place, it would be very convenient.

\+ That's because I can save my time and energy.

\+ I don't have to waste time moving around. So, that's why I think the distance from my home is important

제 생각엔 집으로부터의 거리가 가장 중요한 것 같습니다. 만약에 쇼핑몰이 집에서 가까우면 매우 편리할 것 같습니다.

\+ 왜냐하면 시간과 에너지를 아낄 수 있기 때문이죠.

\+ 왔다 갔다 이동하는 데 시간 낭비를 하지 않아도 됩니다. 이것이 제가 집으로부터의 거리가 가장 중요하다고 생각하는 이유입니다.

◀◀◀ 1 ▶▶▶ 쇼핑

STEP 1 질문 유형 파악 및 답변 준비하기

Imagine that a new shopping center is opening in your area. You have agreed to participate in a telephone interview about the **shopping center**.

새로운 쇼핑센터가 당신의 동네에 오픈한다고 상상해 보세요. 당신은 쇼핑센터에 관한 전화 인터뷰에 응하겠다고 동의하였습니다.

Q5 How often do you visit shopping centers, and what day of the week do you normally go there?

얼마나 자주 쇼핑센터에 갑니까? 그리고 어떤 요일에 주로 갑니까?

▶ **질문 주제 : 쇼핑**

▶ 질문 유형 : 활동 빈도 → once a day 일주일에 한 번
특정 요일 → whenever I need to 필요할 때마다

Q6 What kinds of products do you usually buy when you go there?

그곳에서 주로 어떤 종류의 상품을 구매합니까?

▶ 질문 유형 : 종류 → it depends 상황에 따라 다름

Q7 What should a new shopping center do to attract more customers in your area? Why?

새로운 쇼핑센터가 동네에서 모객을 더 하기 위해 무엇을 하면 좋다고 생각합니까? 왜 그렇습니까?

▶ 질문 유형 : 해야 할 일 → many kinds of 다양함
\+ give out discount coupons 할인 쿠폰
do online promotions on social media 온라인 프로모션
are all the rage these days 요즘 대세

STEP 2 모범 답변 학습하기 P3_01

Imagine that a new shopping center is opening in your area. You have agreed to participate in a telephone interview about the **shopping center**.

Q5 How often do you visit shopping centers, and what day of the week do you normally go there?

A5 I think I visit shopping centers once a week. I just go there whenever I need to buy something.

저는 쇼핑센터에 일주일 한 번 가는 것 같아요. 저는 그냥 무언가를 사야 하는 경우 가는 편입니다.

Q6 What kinds of products do you usually buy when you go there?

A6 Well, it depends. I sometimes buy some new clothes, but I sometimes buy some books there.

글쎄요, 상황에 따라 다릅니다. 어떨 땐 새 옷을 사기도 하고, 또 어떨 땐 책을 사기도 합니다.

Q7 What should a new shopping center do to attract more customers in your area? Why?

A7 I think a new shopping center should do many kinds promotions to attract customers in the area. They should give out discount coupons to customers. Also, they should do online promotions on social media. Promotions on social media are all the rage these days. So, this is why I think a new shopping center should do many kinds of promotions.

저는 새로운 쇼핑센터가 그 지역의 고객들을 끌기 위해 여러 종류의 홍보를 해야 한다고 생각합니다. 그들은 고객에게 할인 쿠폰을 나눠주어야 합니다. 또한, 소셜 미디어에서 온라인 홍보를 해야 합니다. 요즘 소셜 미디어 상의 홍보가 대유행입니다. 그래서, 그런 이유로 저는 새로운 쇼핑센터가 여러 종류의 홍보를 해야 한다고 생각합니다.

STEP 3 모범 답변 복습하기 P3_01

Imagine that a new shopping center is opening in your area. You have agreed to participate in a telephone interview about the **shopping center**.

Q5 How often do you visit shopping centers, and what day of the week do you normally go there?

A5 I think I visit shopping centers (a) 일주일에 한 번 . I just go there (b) ~할 필요가 있을 때마다 buy something.

Q6 What kinds of products do you usually buy when you go there?

A6 (c) 글쎄요, 상황에 따라 다르다 . (d) 때로는 buy some new clothes, (e) 하지만 때로는 buy some books there.

Q7 What should a new shopping center do to attract more customers in your area? Why?

A7 I think a new shopping center should do (f) 다양한 promotions to attract customers in the area. They should (g) 할인 쿠폰을 나눠줘야 한다 to customers. Also, they should (h) 소셜미디어에서 온라인 홍보를 해야 한다 . Promotions on social media (i) 요즘 대유행이다 . (j) 그래서, 그런 이유로 I think a new shopping center should do (k) 다양한 promotions.

정답 (a) once a week (b) whenever I need to (c) Well, it depends (d) I sometimes (e) but I sometimes (f) many kinds of (g) give out discount coupons (h) do online promotions on social media (i) are all the rage these days (j) So, this is why (k) many kinds of

Plus Question 아래 질문들에 답변해 보세요.

🔊 P3_02 모범답변 P116

Imagine that a shopping center is doing research in your area. You have agreed to participate in a telephone interview about **shopping**.

Q5 Where do you usually go shopping in your area, and is it easy to get there?

▸ **질문 주제 : 쇼핑**

▸ 질문 유형 : 쇼핑 장소
쉬운지 아닌지

Q6 When was the last time you ate something at a shopping mall? What did you eat there?

▸ 질문 유형 : 최근 활동 시기
특정 음식

Q7 When you go to your favorite restaurant, do you order the same dish every time? Why or why not?

▸ 질문 유형 : 평소 성향

2 TV 시청

STEP 1 질문 유형 파악 및 답변 준비하기

Imagine that a marketing company is conducting research. You have agreed to participate in a telephone interview about **watching TV**.

어떤 마케팅 회사가 리서치를 진행 중이라 상상해 보세요. 당신은 TV시청에 관한 전화 인터뷰에 응하겠다고 동의하였습니다.

Q5 What was the last TV program you watched? Did you like it?

가장 최근에 시청한 TV 프로그램이 무엇이었나요? 마음에 들었나요?

▶ **질문 주제 : TV 시청**

▶ 질문 유형 : 최근 활동 종류 → news program 뉴스 프로그램
호불호 → liked it, always fun 좋아함, 즐겁기 때문

Q6 How much time do you spend on watching TV, and who do you watch it with?

TV 시청에 얼마나 시간을 보내는 편인가요? 그리고 누구와 시청합니까?

▶ 질문 유형 : 활동 빈도 → about once a day 하루에 한 번 정도
활동하는 사람 → with my family or friends 가족, 친구들

Q7 Do you think the quality of TV programs are better compared to those in the past? Why or why not?

과거에 비해 TV 프로그램들의 질이 더 나아졌다고 생각하나요? 왜 그런가요 혹은 왜 그렇지 않나요?

▶ 질문 유형 : 과거와 비교 → much better, many kinds of 훨씬 낫다, 다양함
\+ learn many new things 새로운 걸 배움
become knowledgeable 지식이 생김
fun to watch and relieve stress 재미있고 스트레스가 풀림

STEP 2 모범 답변 학습하기 P3_03

Imagine that a marketing company is conducting research. You have agreed to participate in a telephone interview about **watching TV**.

Q5 What was the last TV program you watched? Did you like it?

A5 The television program I watched most recently was the news. I liked it because watching the news is always fun. I am quite interested in social issues.

제가 가장 최근 시청한 TV 프로그램은 뉴스 프로그램입니다. 저는 그 프로그램이 좋았습니다. 왜냐하면 뉴스를 보는 것은 언제나 즐겁기 때문입니다. 저는 사회적인 이슈에 제법 관심이 많습니다.

Q6 How much time do you spend on watching TV, and who do you watch it with?

A6 I think I watch TV once a day and I usually watch it with my family or friends.

저는 하루에 한 번 TV를 시청합니다. 그리고 주로 가족이나 친구들과 함께 시청합니다.

Q7 Do you think the quality of TV programs are better compared to those in the past? Why or why not?

A7 I think TV programs are much better compared to those in the past. That's because there are many kinds of TV programs these days. So, you can learn many new things. You can become knowledgeable about various fields. Also, TV programs these days are fun to watch. You can relieve stress by watching fun TV programs. So, this is why I think TV programs are better now.

저는 TV 프로그램이 과거에 비해 훨씬 나아졌다고 생각합니다. 왜냐하면 요즘엔 다양한 종류의 TV 프로그램들이 있기 때문입니다. 그래서 새로운 것을 많이 배울 수 있습니다. 다양한 분야에 대해 알게 될 수도 있습니다. 그리고 요즘의 TV 프로그램들은 보기에 즐겁습니다. 즐거운 TV 프로그램들을 봄으로써 스트레스를 해소할 수도 있습니다. 그래서, 그런 이유로 저는 현재의 TV 프로그램이 더 좋다고 생각합니다.

STEP 3 모범 답변 복습하기 P3_03

Imagine that a marketing company is conducting research. You have agreed to participate in a telephone interview about **watching TV**.

Q5 What was the last TV program you watched? Did you like it?

A5 The last television program I watched was (a) 뉴스 프로그램 . (b) 그 프로그램이 좋았다 because watching the news is (c) 언제나 즐겁다 . I am (d) 제법 관심이 있다 social issues.

Q6 How much time do you spend on watching TV, and who do you watch it with?

A6 I think I watch TV (e) 하루에 한 번 and I usually watch it (f) 가족이나 친구들과 함께 .

Q7 Do you think the quality of TV programs are better compared to those in the past? Why or why not?

A7 I think TV programs are much better compared to those in the past. That's because there are (g) 다양한 종류의 TV programs these days. So, you can (h) 많은 새로운 것을 배울 수 있다 . You can (i) 알게 되다 about various fields. Also, TV programs these days are (j) 보기에 즐겁다 . You can (k) 스트레스를 해소할 수 있다 by watching fun TV programs. (l) 그래서, 그런 이유로 I think TV programs are better now.

정답 (a) the news (b) I liked it (c) always fun (d) quite interested in (e) once a day (f) with my family or friends (g) many kinds of (h) learn many new things (i) become knowledgeable (j) fun to watch (k) relieve stress (l) So, this is why

Plus Question 아래 질문들에 답변해 보세요. P3_04 모범답변 P117

Imagine that a shopping center is doing research in your area. You have agreed to participate in a telephone interview about **listening to music**.

Q5 How often do you purchase music and where do you usually buy it from?

▸ **질문 주제 : 음악 청취**

▸ 질문 유형 : 활동 빈도
구매 장소

Q6 What kind of music do you buy most often? Why?

▸ 질문 유형 : 종류

Q7 Do you prefer to download music to your phone or buy a CD from a store? Why?

▸ 질문 유형 : 선호도

Q 5-7

학교/직장 생활

STEP 1 질문 유형 파악 및 답변 준비하기

Imagine that you are talking with your coworker or your classmate. You are talking about **life at work or school**.

동료나 반 친구와 이야기 중이라 상상해 보세요. 직장이나 학교 생활에 대해 이야기하고 있습니다.

Q5 Do you prefer to eat out for lunch or have your lunch delivered to work or home? Why?

밖에서 점심 먹는 것을 선호합니까 아니면 직장이나 집으로 배달시켜 먹는 것을 선호합니까? 왜 그런가요?

▶ **질문 주제 : 학교/직장 생활**

▶ 질문 유형 : 선호도 → it depends 상황에 따라 다름

Q6 How do you normally go to work or school and how long does it take to get there?

직장이나 학교에 주로 어떻게 가는 편인가요, 그리고 가는 데 얼마나 걸리나요?

▶ 질문 유형 : 이동 방법 → by bus 버스로

지속 시간 → takes about half an hour 대략 한 시간 정도 소요됨

Q7 Which of the following would you like to do the most after having lunch? Why?

아래 보기 중 점심 식사 이후에 가장 하고 싶은 것이 무엇인가요? 왜 그런가요?

- have a chat with coworkers or classmates 동료들이나 반 친구들과 수다 떨기
- read a book 독서하기
- take a walk 산책하기

▸ 질문 유형 : 보기 중 선택 → take a walk 산책하기

\+ get some air 바람을 쐼

relieve stress 스트레스를 해소

concentrate on studying / my work 공부 / 업무에 집중

STEP 2 모범 답변 학습하기 P3_05

Imagine that you are talking with your coworker or your classmate. You are talking about **life at work or school**.

Q5 Do you prefer to eat out for lunch or have your lunch delivered to work or home? Why?

A5 Well, it depends. I sometimes out for lunch, but I sometimes have my lunch delivered to work.

글쎄요, 상황에 따라 다릅니다. 어떨 땐 점심을 나가서 먹기도 하고 또 어떨 땐 직장으로 배달시켜 먹기도 합니다.

Q 5-7

Q6 How do you normally go to work or school and how long does it take to get there?

A6 I normally go to work by bus and it takes about half an hour to get there.

저는 주로 버스로 출근을 하고 가는 데 30분 정도 걸립니다.

Q7 Which of the following would you like to do the most after having lunch? Why?

- have a chat with coworkers or classmates
- read a book
- take a walk

A7 I would like to take a walk after having lunch. That's because I can get some air and relieve stress while taking walks. Reliving stress will help me concentrate on my work. So, this is why I want to take a walk after having lunch.

저는 점심을 먹고 산책을 할 것 같습니다. 왜냐하면 산책하는 동안 바람을 쐴 수 있고 스트레스도 해소할 수 있기 때문입니다. 스트레스 해소는 제가 업무에 집중하도록 만들어 줄 것입니다. 그래서, 그런 이유로 저는 점심을 먹고 산책하고 싶습니다.

STEP 3 모범 답변 복습하기 P3_05

Imagine that you are talking with your coworker or your classmate. You are talking about **life at work or school**.

Q5 Do you prefer to eat out for lunch or have your lunch delivered to work or home? Why?

A5 (a) 글쎄요, 상황에 따라 다르다 . (b) 어떨 땐 eat out for lunch, (c) 하지만 또 어떨 땐 have my lunch delivered to work.

Q6 How do you normally go to work or school and how long does it take to get there?

A6 I normally go to work (d) 버스로 and it (e) 30분 정도 걸린다 to get there.

Q7 Which of the following would you like to do the most after having lunch? Why?

- have a chat with coworkers or classmates
- read a book
- take a walk

A7 I would like to take a walk after having lunch. That's because I can (f) 바람을 쐬다 and (g) 스트레스를 해소하다 while taking walks. Reliving stress will help me (h) 업무에 집중하다 . (i) 그래서, 그런 이유로 I want to take a walk after having lunch.

정답 (a) Well, it depends (b) I sometimes (c) but I sometimes (d) by bus (e) takes about half an hour (f) get some air (g) relieve stress (h) concentrate on my work (i) So, this is why

+ Plus Question 아래 질문들에 답변해 보세요. P3_06 모범답변 P118

Imagine that a marketing company is doing research in your area. You have agreed to participate in a telephone interview about **vacation time**.

Q5 How much vacation time do you get? What do you typically do on your vacation?

▸ **질문 주제 : 휴가**

▸ 질문 유형 : 휴가 기간
활동 종류

Q6 Would you consider going overseas if you get a long term vacation time? Why or why not?

▸ 질문 유형 : 선호도

Q7 Do you think the amount of vacation time you get at your workplace is important? Why?

▸ 질문 유형 : 개인 견해

Q 5-7

4 교통

STEP 1 질문 유형 파악 및 답변 준비하기

Imagine that a marketing firm is doing research in your city. You have agreed to participate in a telephone interview about **using a taxi**.

어떤 마케팅 회사가 당신이 거주하는 도시에서 리서치를 진행 중이라 상상해 보세요. 당신은 택시 이용에 관한 전화 인터뷰에 응하겠다고 동의하였습니다.

Q5 When was the last time you used a taxi and where did you go?

가장 최근에 택시를 탄 것이 언제였나요? 그리고 어디에 갔습니까?

▶ **질문 주제 : 택시**

▶ 질문 유형 : 최근 활동 시기 → a few days ago 몇 일 전에
장소 → the shopping center downtown 시내의 쇼핑몰

Q6 How would you spend your travel time when using a taxi? Why?

택시 이용 시 이동 시간을 어떻게 보낼 건가요? 왜 그런가요?

▶ 질문 유형 : 선호도 → it depends on my mood 기분에 따라 다름

Q7 What could be some advantages of taking a taxi instead of using other means of transportation?

다른 교통수단들을 이용하는 것 대신 택시를 타는 것에 대한 장점들은 뭐가 있습니까?

▶ 질문 유형 : 장점에 대한 견해 → several advantages 몇 가지 장점들
\+ fast and convenient 빠르고 편리함
save my time and energy 시간과 에너지를 절약
don't want to waste time 시간 낭비를 원하지 않음

STEP 2 모범 답변 학습하기 P3_07

Imagine that a marketing firm is doing research in your city. You have agreed to participate in a telephone interview about **using a taxi**.

Q5 When was the last time you used a taxi and where did you go?

A5 The last time I used a taxi was a few days ago. I went to the shopping center downtown.

제가 가장 최근 택시를 이용한 것은 몇 일 전이었습니다. 시내에 있는 쇼핑센터에 갔습니다.

Q6 How would you spend your travel time when using a taxi? Why?

A6 Well, it depends on my mood. I would sometimes get some sleep, but I would sometimes watch video clips on my phone.

글쎄요, 제 기분에 따라 다릅니다. 어떨 땐 잠을 잘 것 같지만 또 어떨 땐 휴대전화로 동영상을 볼 것 같습니다.

Q7 What could be some advantages of taking a taxi instead of using other means of transportation?

A7 I think there are several advantages of taking a taxi. Traveling by taxi is fast and convenient. So, I can save my time and energy. I don't want to waste time moving around. So, this is why taking a taxi is better than using other means of transportation.

저는 택시를 타는 몇 가지 장점이 있다고 생각합니다. 택시로 이동하는 것은 빠르고 편리합니다. 그래서 시간과 에너지를 아낄 수 있습니다. 저는 이동하는 데 시간을 낭비하고 싶지 않습니다. 그래서 그런 이유로 택시를 타는 것이 다른 교통수단을 이용하는 것보다 낫습니다.

STEP 3 모범 답변 복습하기 P3_07

Imagine that a marketing firm is doing research in your city. You have agreed to participate in a telephone interview about **using a taxi**.

Q5 When was the last time you used a taxi and where did you go?

A5 The last time I used a taxi was (a) 몇 일 전 . I went to (b) 시내에 있는 쇼핑센터 .

Q6 How would you spend your travel time when using a taxi? Why?

A6 Well, (c) 기분에 따라 다르다 . I would (d) 어떨 땐 (e) 잠을 자다 , (f) 그러나 또 어떨 땐 (g) 동영상을 본다 on my phone.

Q7 What could be some advantages of taking a taxi instead of using other means of transportation? Why?

A7 I think there are several advantages of taking a taxi. Traveling by taxi is (h) 빠르고 편리하다 . So, I can (i) 시간과 에너지를 절약하다 . I don't want to (j) 시간을 낭비하다 moving around. (k) 그래서, 그런 이유로 taking a taxi is better than using other means of transportation.

정답 (a) a few days ago (b) the shopping center downtown (c) it depends on my mood (d) sometimes (e) get some sleep (f) but I would sometimes (g) watch video clips (h) fast and convenient (i) save my time and energy (j) waste time (k) So, this is why

Plus Question 아래 질문들에 답변해 보세요. P3_08 모범답변 P119

Imagine that a magazine firm is doing research in your area. You have agreed to participate in a telephone interview about **using public transportation**.

Q5 How far is the nearest taxi stand from your home and how often do you take a taxi?

▸ **질문 주제 : 대중교통 이용**
▸ 질문 유형 : 거리
활동 빈도

Q6 What kind of public transportation do people in your city use most often? Why?

▸ 질문 유형 : 가장 많이 이용하는 대중교통 종류

Q7 What should a bus company do to encourage people to use their buses more often? Why?

▸ 질문 유형 : 홍보 방법

Q 5-7

유형편

5 거주지

STEP 1 질문 유형 파악 및 답변 준비하기

Imagine that a real estate agency is doing research in your city. You have agreed to participate in a telephone interview about **housing**.

어떤 부동산 업체가 당신이 거주하는 도시에서 리서치를 진행 중이라 상상해 보세요. 당신은 집에 관한 전화 인터뷰에 응하겠다고 동의하였습니다.

Q5 How long have you lived in your home that you live now, and do you live in a house or an apartment?

현재 살고 있는 집에서 얼마나 살았나요, 그리고 주택에 사나요 아파트에 사나요?

▶ **질문 주제 : 집**

▶ 질문 유형 : 지속 기간 → for about four years 대략 4년간
양자택일 → two-bedroom house(apartment) 방 두 개짜리 주택(아파트)

Q6 How often do you walk to places near your home, and where do you usually go?

집 근처의 장소에 얼마나 자주 걸어가나요, 그리고 어디를 주로 가나요?

▶ 질문 유형 : 활동 빈도 → once or twice a day 하루에 한두 번
장소 → a grocery store 식료품점

Q7 What would be some advantages of living in an apartment?

아파트에 사는 것 장점들이 무엇이 있을 것 같나요?

▸ 질문 유형 : 장점에 대한 견해 → several advantages 몇 가지 장점들
\+ have modern appliances 현대적인 가전들이 있음
make people's lives convenient 사람들의 삶을 편리하게 해 줌
have a lot of neighbors 이웃들이 많음
socialize with various people 다양한 사람들을 사귈 수 있음

STEP 2 모범 답변 학습하기 P3_09

Imagine that a real estate agency is doing research in your city. You have agreed to participate in a telephone interview about **housing**.

Q5 How long have you lived in your home that you live in now, and do you live in a house or an apartment?

A5 I have lived in my home for about four years and I live in a two-bedroom house(apartment).

저는 약 4년 동안 저희 집에 살고 있으며 방 두 개짜리 주택(아파트)입니다.

Q6 How often do you walk to places near your home, and where do you usually go?

A6 I walk to places near my home once or twice a day and I usually go to a grocery store to get groceries.

저는 집 근처의 장소에 하루 한 두 번 걸어가고 주로 장을 보기 위해 식료품점을 가는 편입니다.

Q7 What would be some advantages of living in an apartment?

A7 I think there are several advantages of living in an apartment. Many apartments have modern appliances. That will make people's lives convenient. Plus, you will have a lot of neighbors around you. So, you can socialize with various people.

아파트에 사는 몇 가지 장점들이 있다고 생각합니다. 많은 아파트들은 현대적인 가전들을 갖추고 있습니다. 그 점은 사람들의 삶을 편리하게 해줍니다. 그리고 주변에 많은 이웃들이 있을 것입니다. 그래서 다양한 사람들을 사귈 수 있습니다.

STEP 3 모범 답변 복습하기 P3_09

Imagine that a real estate agency is doing research in your city. You have agreed to participate in a telephone interview about **housing**.

Q5 How long have you lived in your home that you live in now, and do you live in a house or an apartment?

A5 I have lived in my home (a) 약 4년 동안 and I live in a (b) 방 두 개짜리 주택(아파트) .

Q6 How often do you walk to places near your home, and where do you usually go?

A6 I walk to places near my home (c) 하루에 한 두 번 and I usually go to a (d) 식료품점 to get groceries.

Q7 What would be some advantages of living in an apartment?

A7 I think there are (e) 몇 가지 advantages of living in an apartment. Many apartments have (f) 현대적인 가전들 . That will make people's lives (g) 편리한 . Plus, you will have (h) 많은 이웃들 around you. So, you can (i) 사귀다 various people.

정답 (a) for about four years (b) two-bedroom house(apartment) (c) once or twice a day (d) grocery store (e) several (f) modern appliances (g) convenient (h) a lot of neighbors (i) socialize with

Plus Question 아래 질문들에 답변해 보세요. P3_10 모범답변 P120

Imagine that a magazine firm is doing research in your area. You have agreed to participate in a telephone interview about **renovating your home**.

Q5 When was the last time you renovated your home and what part did you renovate?

▸ **질문 주제 : 집 리모델링**

▸ 질문 유형 : 최근 활동 시기
특정 부분

Q6 What changes have you made to make your house look better?

▸ 질문 유형 : 집에 준 변화의 종류

Q7 Do you think it is a good idea to hire someone if you have to renovate your home? Why?

▸ 질문 유형 : 전문가 고용에 대한 견해

Q 5-7

Set 1

P3_11 모범답변 P121

TOEIC Speaking

Questions 5-7: Respond to questions

Directions:

In this part of the test, you will answer three questions. You will have three seconds to prepare after you hear each question. You will have 15 seconds to respond to Questions 5 and 6 and 30 seconds to respond to Question 7.

TOEIC Speaking Question 5-7 of 11

Imagine that a pizza place is doing research. You have agreed to participate in a telephone interview about places to eat in your area.

TOEIC Speaking Question 5 of 11

Imagine that a pizza place is doing research. You have agreed to participate in a telephone interview about places to eat in your area.

Are there many places to eat in your neighborhood?
How far away is the nearest one?

PREPARATION TIME	RESPONSE TIME
00 : 00 : 03	00 : 00 : 15

TOEIC Speaking	Question 6 of 11

Imagine that a pizza place is doing research. You have agreed to participate in a telephone interview about places to eat in your area.

What is your favorite restaurant?
Are you planning on going there more often?

PREPARATION TIME	RESPONSE TIME
00 : 00 : 03	00 : 00 : 15

TOEIC Speaking	Question 7 of 11

Imagine that a pizza place is doing research. You have agreed to participate in a telephone interview about places to eat in your area.

What kind of food is better to eat out at a restaurant than to cook at home? Why?

PREPARATION TIME	RESPONSE TIME
00 : 00 : 03	00 : 00 : 30

Set 2 P3_12 모범답변 P122

TOEIC Speaking

Questions 5-7: Respond to questions

Directions:

In this part of the test, you will answer three questions. You will have three seconds to prepare after you hear each question. You will have 15 seconds to respond to Questions 5 and 6 and 30 seconds to respond to Question 7.

TOEIC Speaking **Question 5-7 of 11**

Imagine that you are having a conversation with your friend. You are talking about listening to music.

TOEIC Speaking **Question 5 of 11**

Imagine that you are having a conversation with your friend. You are talking about listening to music.

Do you enjoy listening to music?
And when was the last time you listened to music?

PREPARATION TIME	RESPONSE TIME
00 : 00 : 03	00 : 00 : 15

TOEIC Speaking Question 6 of 11

Imagine that you are having a conversation with your friend. You are talking about listening to music.

Have you ever learned how to play a musical instrument?
What do you think is the best way to learn?

PREPARATION TIME	RESPONSE TIME
00 : 00 : 03	00 : 00 : 15

TOEIC Speaking Question 7 of 11

Imagine that you are having a conversation with your friend. You are talking about listening to music.

Do you think it is good to see live music performances often? Why?

PREPARATION TIME	RESPONSE TIME
00 : 00 : 03	00 : 00 : 30

모범 답변 ANSWER

전략 다지기 유형편 Plus Question

1 쇼핑 P3_02

Imagine that a shopping center is doing research in your area. You have agreed to participate in a telephone interview about **shopping**.

어떤 쇼핑센터가 당신이 거주하는 지역에서 리서치를 진행 중이라 상상해 보세요. 당신은 쇼핑에 관한 전화 인터뷰에 응하겠다고 동의하였습니다.

Q5 Where do you usually go shopping in your area, and is it easy to get there?

A5 I usually go to a shopping center in my area.
It is easy to get there because it is close to my house.

Q5. 동네에서 쇼핑할 때 주로 어디로 가나요, 그리고 그곳에 가기 쉽나요?
A5. 저는 주로 동네의 쇼핑센터에 갑니다. 저희 집과 가깝기 때문에 가기 쉽습니다.

Q6 When was the last time you ate something at a shopping mall? What did you eat there?

A6 The last time I ate something at a shopping mall was a few days ago. I had some Italian food there.

Q6. 가장 최근에 쇼핑몰에서 무언가를 먹었던 것이 언제였나요? 그곳에서 무엇을 먹었나요?
A6. 제가 가장 최근 쇼핑몰에서 무언가를 먹었던 것은 몇 일 전이었습니다. 그곳에서 이탈리안 음식을 먹었습니다.

Q7 When you go to your favorite restaurant, do you order the same dish every time? Why or why not?

A7 When I go to my favorite restaurant, I order different dish every time. That's because I like trying many kinds of food. I sometimes order salads, but I sometimes order noodles and rice. It depends on my mood.

Q7. 가장 좋아하는 식당에 가면 매번 같은 음식을 시키나요? 왜 그런가요 혹은 왜 그렇지 않나요?
A7. 제가 가장 좋아하는 식당에 가면 매번 다른 음식을 시키는 것 같습니다. 왜냐하면 저는 다양한 음식을 먹어 보는 것을 좋아하기 때문입니다. 어떨 땐 샐러드를 시키지만 또 어떨 땐 면과 밥을 시키기도 합니다. 제 기분에 따라 다릅니다.

VOCA shopping center 쇼핑센터 | close to ~에서 가까운 | mood 기분 상태

2 TV 시청 P3_04

Imagine that a shopping center is doing research in your area. You have agreed to participate in a telephone interview about **listening to music**.

어떤 쇼핑 센터가 당신이 거주하는 지역에서 리서치를 진행 중이라 상상해 보세요. 당신은 음악 감상에 관한 전화 인터뷰에 응하겠다고 동의하였습니다.

Q5 How often do you purchase music and where do you usually buy it from?

A5 I purchase music once a week and I usually buy it from online streaming sites.

Q5. 얼마나 자주 음악을 구매하나요, 그리고 어디서 주로 구매하나요?
A5. 저는 일주일에 한 번 음악을 구매하고 주로 온라인 스트리밍 사이트에서 구매합니다.

Q6 What kind of music do you buy most often? Why?

A6 I buy many kinds of music. Among them, I think I buy dance music most often, because I like fast and upbeat music.

Q6. 어떤 종류의 음악을 가장 많이 구매하나요? 왜 그런가요?
A6. 저는 다양한 종류의 음악을 구매합니다. 그중에서도 댄스 음악을 가장 많이 구매하는 것 같습니다. 왜냐하면 저는 빠르고 신나는 음악을 좋아하기 때문입니다.

Q7 Do you prefer to download music to your phone or buy a CD from a store? Why?

A7 Well, it depends on the situation. I sometimes download music to my phone, but I sometimes buy a CD from a store as well. However, downloading music is more convenient. That's because, I can save my time and energy. I don't have to waste time moving around.

Q7. 음악을 휴대전화에 다운로드받는 것을 선호하나요 아니면 상점에서 CD를 구매하는 것을 선호하나요? 왜 그런가요?
A7. 글쎄요, 상황에 따라 다릅니다. 어떨 땐 휴대전화에 다운로드받지만 또 어떨 땐 상점에서 CD를 사기도 합니다. 그러나 음악을 다운로드하는 것이 더 편하긴 합니다. 왜냐하면 시간과 에너지를 절약할 수 있기 때문이죠. 돌아다니는 데 시간 낭비를 할 필요가 없습니다.

VOCA purchase 구매하다 | online streaming site 온라인 음원 사이트 | upbeat 비트가 경쾌한

Imagine that a marketing company is doing research in your area. You have agreed to participate in a telephone interview about **vacation time**.

어떤 마케팅 회사가 당신이 거주하는 지역에서 리서치를 진행 중이라 상상해 보세요. 당신은 휴가 기간에 관한 전화 인터뷰에 응하겠다고 동의하였습니다.

Q5 How much vacation time do you get? What do you typically do on your vacation?

A5 I get a short-period of vacation time once a year. I do many kinds of activities on my vacation with my friends and family.

Q5. 휴가가 얼마나 됩니까? 휴가 때 주로 무엇을 하나요?
A5. 저는 짧은 기간의 휴가가 일 년에 한 번 정도 있습니다. 휴가 때 친구들과 가족과 함께 다양한 활동들을 합니다.

Q6 Would you consider going overseas if you get a long-term vacation time? Why or why not?

A6 I would consider going overseas if I get a long-term vacation time because traveling is fun. I am quite interested in traveling overseas.

Q6. 긴 휴가가 있다면 해외로 나갈 생각이 있나요? 왜 그런가요 혹은 왜 그렇지 않나요?
A6. 저는 긴 휴가가 있다면 해외로 나갈 생각이 있습니다. 왜냐하면 여행은 재밌기 때문입니다. 저는 해외여행에 제법 관심이 있습니다.

Q7 Do you think the amount of vacation time you get at your workplace is important? Why?

A7 I think the amount of vacation time I get at my workplace is important. That's because I can work more efficiently if I get enough rest. Also, I can spend some time with my friends and family or enjoy my hobby. That way, I can relieve stress coming from work.

Q7. 직장에서 주는 휴가 기간이 중요하다고 생각하나요? 왜 그런가요?
A7. 저는 직장에서 주는 휴가 기간이 중요하다고 생각합니다. 왜냐하면 충분히 쉬면 더 효율적으로 일 할 수 있기 때문이죠. 그리고 친구들이나 가족과 시간을 보내거나 취미도 즐길 수 있습니다. 그러면 업무로 생긴 스트레스가 해소될 것 같습니다.

VOCA short-period 짧은 기간 | long-term 장기간의 | efficiently 효율적으로 | relieve 완화하다

교통 P3_08

Imagine that a magazine firm is doing research in your area. You have agreed to participate in a telephone interview about **using public transportation**.

어떤 잡지사가 당신이 거주하는 지역에서 리서치를 진행 중이라 상상해 보세요. 당신은 대중교통 이용에 관한 전화 인터뷰에 응하겠다고 동의하였습니다.

Q5 How far is the nearest taxi stand from your home and how often do you take a taxi?

A5 The nearest taxi stand is about twenty minutes' walk from my home and I take a taxi about once a week.

Q5. 집에서 가장 가까운 택시 정류장이 얼마나 멀리 있나요? 그리고 얼마나 자주 택시를 타나요?
A5. 가장 가까운 택시 정류장은 집에서 걸어서 약 20분 거리에 있습니다. 그리고 일주일에 한 번 정도 택시를 탑니다.

Q6 What kind of public transportation do people in your city use most often? Why?

A6 People in my city use the subway most often because it is the fastest and cheapest way to get around.

Q6. 당신 지역에 사는 사람들은 어떤 대중교통을 가장 많이 이용하나요? 왜 그런가요?
A6. 우리 지역에 사는 사람들은 지하철을 가장 자주 이용합니다. 왜냐하면 지하철은 이동하는 데 있어서 가장 빠르고 저렴한 방법이기 때문이죠.

Q7 What should a bus company do to encourage people to use their buses more often? Why?

A7 I think a bus company should do more online promotions to encourage people to use their buses more often. They should post pictures of their buses on social media. That way, a lot of people will know about their company. I think using social media is the best way to promote something these days.

Q7. 버스 회사가 사람들이 그들의 버스를 더 자주 이용하게 하기 위해 무엇을 해야 한다고 생각하나요? 왜 그런가요?
A7. 저는 버스 회사가 사람들이 그들의 버스를 더 자주 이용하게 하기 위해 더 많은 온라인 홍보를 해야 한다고 생각합니다. SNS에 그들의 버스 사진을 게시하면 좋을 것 같습니다. 그러면 많은 사람들이 그들의 회사에 대해 알게 될 것입니다. SNS를 이용하는 것이 요즘엔 무언가를 홍보하는 데 있어 최고의 방법이라 생각합니다.

VOCA public transportation 대중교통 | cheapest 가장 저렴한 | encourage 독려하다 | post 게시하다

5 거주지 P3_10

Imagine that a magazine firm is doing research in your area. You have agreed to participate in a telephone interview about **renovating your home**.

어떤 잡지사가 당신이 거주하는 지역에서 리서치를 진행 중이라 상상해 보세요. 당신은 당신의 집 개조에 관한 전화 인터뷰에 응하겠다고 동의하였습니다.

Q5 When was the last time you renovated your home and what part did you renovate?

A5 The last time I renovated my home was a few years ago. I bought some new furniture and re-did the wallpaper.

Q5. 가장 최근에 집을 개조한 것이 언제였나요? 그리고 어떤 부분이었나요?
A5. 제가 최근에 집을 개조한 것은 몇 년 전이었습니다. 새로운 가구를 좀 샀고 도배를 다시 했습니다.

Q6 What changes have you made to make your house look better?

A6 I have made many changes to make my house look better. I got some plants and flowers. I also got some pretty pictures.

Q6. 집을 더 예쁘게 만들기 위해 어떤 종류의 변화를 주었나요?
A6. 저는 집을 더 예쁘게 만들기 위해 많은 종류의 변화를 주었습니다. 식물과 꽃을 샀고 예쁜 그림들도 샀습니다.

Q7 Do you think it is a good idea to hire someone if you have to renovate your home? Why?

A7 I think it is a good idea to hire someone if I have to renovate my home. If I hire someone, it would be very convenient. That's because I can save my time and energy. I don't have to waste time renovating my home on my own. So, that's why I think it's a good idea to hire someone.

Q7. 집을 개조해야 할 때 누군가를 고용하는 것이 좋은 아이디어라 생각하나요? 왜 그런가요?
A7. 저는 집을 개조해야 할 때 누군가를 고용하는 것이 좋은 아이디어라 생각합니다. 누군가를 고용하면 매우 편할 것 같습니다. 왜냐하면 시간과 에너지를 절약할 수 있기 때문입니다. 혼자서 집을 고치는 데 시간낭비를 하지 않아도 됩니다. 그래서, 그런 이유로 저는 누군가를 고용하는 게 좋다고 생각합니다.

VOCA renovate 개조하다 | re-did 다시 하다 | wallpaper 벽지 | convenient 편리한

SET 1

P3_11

Imagine that a pizza place is doing research. You have agreed to participate in a telephone interview about **places to eat** in your area.

어떤 피자 가게가 당신이 거주하는 지역에서 리서치를 진행 중이라 상상해 보세요. 당신은 동네의 외식 장소에 관한 전화 인터뷰에 응하겠다고 동의하였습니다.

Q5 Are there many places to eat in your neighborhood? How far away is the nearest one?

A5 There are many kinds of places to eat in my neighborhood and the nearest one is a ten minute walk from my home.

Q5. 당신의 동네에 먹을 곳이 많나요? 가장 가까운 곳은 얼마나 멀리 있습니까?
A5. 우리 동네에는 다양한 종류의 먹을 곳이 있습니다. 그리고 가장 가까운 곳은 집에서 걸어서 10분 거리에 있습니다.

Q6 What is your favorite restaurant? Are you planning on going there more often?

A6 My favorite restaurant is an Italian restaurant near my home. I am planning on going there more often because they serve a lot of tasty food.

Q6. 가장 좋아하는 식당은 무엇입니까? 앞으로 그곳을 더 자주 갈 것 같습니까?
A6. 제가 가장 좋아하는 식당은 집 근처의 이탈리안 음식점입니다. 맛있는 음식을 많이 팔기 때문에 더 자주 갈 것 같습니다.

Q7 What kind of food is better to eat out at a restaurant than to cook at home? Why?

A7 I think Italian food is better to eat out at a restaurant than to cook at home. That's because Italian food is hard to cook at home. So, if you just eat out, it would be more convenient. You can save your time and energy. Also, you don't have to waste time cooking.

Q7. 집에서 요리하는 것보다 외식하는 것이 더 나은 음식 종류는 무엇인가요? 왜 그런가요?
A7. 저는 이탈리안 음식이 집에서 요리하는 것보다 외식하는 것이 더 낫다고 생각합니다. 왜냐하면 이탈리안 음식은 집에서 요리하기 어렵기 때문이죠. 그래서 그냥 나가서 먹으면 더 편할 것 같습니다. 시간과 에너지를 절약할 수 있으니까요. 또한 요리하는 데 시간을 낭비하지 않아도 됩니다.

Q 5-7

VOCA neighborhood 동네 | nearest 가장 근접한 | serve 판매하다

SET 2

P3_12

Imagine that you are having a conversation with your friend. You are talking about **listening to music**.

당신이 친구와 대화 중이라 상상해 보세요. 당신은 음악 감상에 대해 이야기하고 있습니다.

Q5 Do you enjoy listening to music? And when was the last time you listened to music?

A5 I really enjoy listening to music and the last time I listened to music was a few hours ago.

Q5. 음악 듣는 것을 좋아하나요? 그리고 가장 최근에 음악을 들은 것은 언제였나요?
A5. 저는 음악 듣는 것을 정말 좋아해요.. 그리고 가장 최근에 음악을 들은 것은 몇 시간 전이에요.

Q6 Have you ever learned how to play a musical instrument? What do you think is the best way to learn?

A6 I learned how to play the piano when I was a kid and I think the best way to learn is by taking private lessons.

Q6. 악기 연주하는 법을 배운 적이 있나요? 악기를 배우는 데 있어 최고의 방법은 무엇이라 생각하나요?
A6. 저는 어렸을 때 피아노를 배운 적이 있습니다. 그리고 악기를 배우는 데 있어 최고의 방법은 개인 레슨을 받는 것이라 생각합니다.

Q7 Do you think it is good to see live music performances often? Why?

A7 I think it is good to see live music performances often. That's because you can become more knowledgeable about music. That will make you become more creative. Developing creativity is very important in our lives. So that's why I think it is good to see live performances often.

Q7. 라이브 음악 공연을 자주 보는 것이 좋다고 생각하나요? 왜 그런가요?
A7. 저는 라이브 음악 공연을 자주 보는 것이 좋다고 생각합니다. 왜냐하면 음악에 대해 더 많은 것을 알게 될 수 있기 때문입니다. 그것은 더 창의적인 사람이 되도록 만들어 줄 수 있습니다. 창의력을 계발하는 것은 우리 인생에서 매우 중요합니다. 그래서, 그런 이유로 저는 라이브 음악 공연을 자주 보는 것이 좋다고 생각합니다.

VOCA musical instrument 악기 | private lesson 개인레슨 | knowledgeable 지식이 해박한

Note

Q 8-10
정보를 이용해 답변하기
Respond to questions using information provided

Q 8-10은 **질문에서 요구하는 정보를 표에서 찾아 질문자에게 전달하는 과제**가 주어지는 파트입니다.

표가 화면에 먼저 보여지고 이에 대해 숙지할 수 있는 45초의 준비 시간이 주어집니다. 표는 준비 시간이 끝나도 사라지지 않고, 바로 이어서 8번부터 10번까지 질문의 음성이 순차적으로 제시됩니다.

질문자에게 실제 정보를 전달한다는 느낌으로 요청하는 정보를 표에서 빠르게 찾아 완전한 문장으로 전달해야 합니다.

자가 진단 리스트

1 제한 시간 내에 모든 질문에 답변을 하였는가?

YES □ NO □

2 질문에서 요청하는 정확한 정보를 주었는가?

YES □ NO □

3 발음 및 강세에 유의하여 답변하였는가?

YES □ NO □

4 단어가 아닌 완전한 문장으로 정보를 전달하였는가?

YES □ NO □

한 눈에 보기

INTRO

Q 8-10

1 시험정보

문제 번호	준비 시간	답변 시간	평가 점수
Question 8 –10 (연계 3문항)	표 읽기 : 45초 답변 준비 : 문항당 3초씩	Q8 : 15초 Q9 : 15초 Q10 : 30초	문항당 0 ~ 3점

평가 기준

- 발음, 강세, 억양 기반의 전달력
- 응집성이 느껴지는 완전한 문장 구성력
- 문법과 문장 완성도
- 요청한 질문에 대해 충분하며 직접적인 정보 전달 여부

빈출 지문 유형

❶ 행사 일정표 ❷ 면접 일정표 ❸ 수업 일정표
❹ 회의 일정표 ❺ 업무 일정표
* 이력서, 출장 일정표 – 가끔 출제됨

2 수강생들의 FAQ

Q 실수로 표에서 다른 행(줄)의 정보를 잘못 읽으면 감점이 큰가요? 다시 수정하여 말할 시간이 부족하면 어떻게 해야 하나요?

A 다른 행(줄)의 정보를 잘못 읽었을 때는 별다른 수정 없이 태연하게 발화를 마무리하는 게 최선입니다. 질문자가 요구한 정확한 정보가 아니더라도 수험자가 질문 요지를 이해했음이 분명하고 문장 구조에 문제가 없는 퀄리티 높은 답변을 하였다면 단순 관찰력에 의한 실수라고 인정되어 감점이 되지 않습니다. 질문자가 요청한 정보를 영어로 문제없이 전달할 수 있다는 사실만 입증하면 됩니다.

Q 질문자가 요구하는 정보를 주어진 준비 시간 내에 찾지 못한 경우 어떻게 해야 하나요?

A 기입된 내용이 많은 표일수록 요청한 정보를 빠르게 찾기 어려운 건 사실입니다. 정확한 정보를 시간 내 찾지 못했다면, 유사한 항목의 정보를 마치 정답인 것처럼 읽으면 됩니다. 정보의 정확성보다 질문의 요지를 이해했고 이와 관련된 정보를 문장으로 전달할 수 있다는 사실만 증명하면 됩니다. 관찰력 테스트가 아니라는 사실을 명심하고 순발력 있게 대응하세요.

3 시험화면

TOEIC Speaking

Questions 8-10: Respond to questions using information provided

Directions:

In this part of the test, you will answer three questions based on the information provided. You will have 45 seconds to read the information before the questions begin. You will have three seconds to prepare after you hear each question. You will have 15 seconds to respond to Questions 8 and 9 and 30 seconds to respond to Question 10.

안내문

표의 정보를 파악할 시간 45초, 문항별 준비 시간 각 3초와 답변 시간으로 8, 9번은 15초, 10번은 30초가 주어진다는 안내 음성과 함께 같은 내용이 화면에 텍스트로 보여진다.

TOEIC Speaking

Question 8 / 9 / 10 of 11

Annual Conference for Gardening Professionals
Sunshine Hotel, Conference room 203
Tuesday, November 22
admission: $75

Time	Schedule
9:00AM – 10:00AM	Welcome Address
10:00AM – 11:00AM	Lecture: Gardening with Less Water
11:00AM – NOON	~~Workshop: Maintaining City Gardens~~ Canceled
NOON – 1:00AM	Lunch
1:00AM – 2:00AM	Panel Discussion: The Importance of Saving Water

PREPARATION TIME
00 : 00 : 45

표 제시 45초

표가 화면에 제시되고, "Begin preparing now."라는 음성이 나온다. 이어지는 'beep' 소리 이후 45초의 표 내용 숙지 시간이 주어진다.

TOEIC Speaking

Question 8 / 9 / 10 of 11

Annual Conference for Gardening Professionals
Sunshine Hotel, Conference room 203
Tuesday, November 22
admission: $75

Time	Schedule
9:00AM – 10:00AM	Welcome Address
10:00AM – 11:00AM	Lecture: Gardening with Less Water
11:00AM – NOON	~~Workshop: Maintaining City Gardens~~ Canceled
NOON – 1:00AM	Lunch
1:00AM – 2:00AM	Panel Discussion: The Importance of Saving Water

PREPARATION TIME	RESPONSE TIME
00 : 00 : 03/03/03	00 : 00 : 15/15/30

준비 시간 3초/3초/3초
답변 시간 15초/15초/30초

준비시간 종료 후에도 표는 화면에 계속 보여지고 8, 9, 10번 문제가 차례대로 음성으로 제시된다. "Begin preparing now."와 이어지는 'beep' 소리 이후 각 문항당 3초씩의 준비 시간이 주어지고 다시 'beep' 소리 이후 각 15초, 15초, 30초씩의 답변 시간이 주어진다.

핵심전략

핵심만 한방에!

Q 8-10는 질문 청취 후 요구되는 정보를 표에서 찾아 완전한 '문장'으로 전달하는 것이 핵심이다. 문장 구조에 있어 복문 사용 여부나 어휘의 수준은 다른 파트에 비해 점수에 큰 영향을 주지 않는다. 질문에서 요구하는 정보의 성격을 파악해서 그에 맞는 답변을 문법적으로 문제가 없는 문장으로 전달하는 것이 관건이다. 따라서 문장을 만들 때 정보의 성격에 맞는 전치사와 동사를 알맞게 사용하는 것 외에는 특별한 스킬이 필요하지 않다.

1 준비 시간 활용 전략 (45초)

Annual Conference for Gardening Professionals 원예 전문가 연례 컨퍼런스 Sunshine Hotel[(1)], Conference room 203[(2)] 선샤인 호텔 회의실 203호 Tuesday, November 22[(3)] 11월 22일, 화요일 Admission: $75[(4)] 참가비 : 75달러	
Time 시간	Schedule 일정
9:00 AM – 10:00 AM	Welcome Address 환영사
10:00 AM – 11:00 AM	Lecture[(b)] : Gardening with Less Water[(c)] 강의 : 적은 양의 물로 원예 하기
11:00 AM – NOON	~~Workshop : Maintaining City Gardens~~ Canceled[(a)] ~~워크숍 : 도시 정원 유지하기~~ 취소됨
NOON – 1:00 AM	Lunch 점심
1:00 AM – 2:00 AM	Panel Discussion : The Importance of Saving Water[(c)] 패널 토론 : 물 절약의 중요성
2:00 PM – 3:00 PM	Lecture[(b)] : New Planting Techniques 강의 : 새로운 재식 기술
3:30 PM – 6:00 PM	Awards Ceremony : This Year's Most Beautiful Gardens 시상식 : 올해의 가장 아름다운 정원들

❶ 표의 정보를 문장으로 전달하기 위해 필요한 전치사를 미리 파악한다.

단어 단위로만 나열되어 있는 표의 정보를 **완전한 문장으로 전달**하는 것이 주요 과제인 만큼 정보의 성격에 따라 **수반되는 전치사**에 대해 미리 생각해 두어야 한다. 필요하다면 준비 시간에 전치사만 따로 적어 두도록 하자.

예 장소 정보 앞 필요한 전치사 at the sunshine hotel 선샤인 호텔에서
날짜 정보 앞 필요한 전치사 on Tuesday, November 22 11월 22일, 화요일에
시간 정보 앞 필요한 전치사 at 9am 오전 9시에
기간 정보 앞 필요한 전치사 from 9am to 10am 오전 9시부터 오전 10시까지

❷ 숫자 기반의 정보, 날짜, 요금, 고유명사 등 까다로운 정보는 읽는 방법을 미리 생각해 둔다.

문항당 3초의 답변 준비 시간이 주어지지만 답변 준비에 충분한 시간이 아니므로 표 파악에 주어지는 45초 간의 시간을 활용하여 정보들을 읽는 방법을 확인해 두어야 한다. **서수**나 특수한 단위로 읽어야 하는 **숫자 정보, 고유 명사** 등을 확인한다. 고유 명사는 보통 장소나 사람 이름에 한하여 나오는데 발음법은 중요하지 않으니 답변 시 장애만 되지 않도록 읽는 방법을 강구해 둔다. **Q8**과 **Q9**에서는 특히 시간, 장소, 요금 등 표의 **기본 정보에 대해** 질문할 가능성이 매우 높다.

예 (1) Sunshine hotel : 썬–샤인 호테–을
(2) 203 : 투–오우–th뤼
(3) November 22 : ㄴvem–벌r 트웨니 쎄–큰d
(4) $75 : 쎄–v니 fa이v 달–럴rs

❸ 각 문항별로 질문할 가능성이 높은 정보들을 미리 확인한다.

가장 기본적인 일정표 유형에서는 Q9과 Q10에서 물어볼 수 있는 정보들이 일부 예측 가능하다. **Q9**에서는 **일정의 변동사항**이나 **정보의 진위여부를 확인**하는 질문을 많이 하고 **Q10**에서는 질문자가 **관심 있는 특정 항목**에 대해 세부 정보를 요청하는 경우가 대부분이다.
이런 점을 고려해서 표에서 특별히 **눈에 띄는 사항**이나 동일한 혹은 유사한 **소재들이 반복적으로 등장**하면 빠른 답변을 위해 미리 위치를 파악해 둔다.

예 (a) canceled : 일정이 변경(취소)되었으므로 Q9에서 해당 일정에 대해 질문할 가능성이 큼
(b) Lecture : 같은 형식의 일정이 두 가지이므로 Q10에서 질문할 가능성이 큼
(c) Water : 같은 소재를 다루는 일정이 두 가지이므로 Q10에서 질문할 가능성이 큼

2 답변 전략 (각 15, 15, 30초)

❶ 질문에 대해 선 답변, 세부 정보는 후 제공한다.

질문(의문문)의 형식에 맞게 먼저 답변한 다음 표에서 요청한 정보를 찾아 세부 사항을 전달하도록 한다.

예

Q I heard that the meeting ends at 4 pm. Am I right?

회의가 4시에 끝난다고 들었습니다. 맞습니까?

A No, I don't think so. The meeting will end at 6 pm.

아니요 그렇지 않습니다. 회의는 6시에 끝납니다.

Q I might have to leave at 10am. What topics will I miss if I leave at 10?

제가 10시에 떠나야 할 것 같습니다. 제가 10시에 떠나면 놓치게 되는 주제가 무엇인가요?

A You will not miss any topic if you leave at 10 am because the last session ends at 9:30 am.

10시에 떠나도 놓치는 주제가 없습니다. 왜냐하면 마지막 세션이 오전 9시 30분에 끝나기 때문입니다.

❷ 질문에서 요구하는 정보만 충실하게 전달한다.

꼭 필요하지 않은 추가 정보를 제공하거나 수험생 **개인의 의견**을 덧붙이는 것은 **필수 사항이 아니므로** 시간 여유가 충분하거나 유창한 영어 구사력이 있는 수험생에게만 권장한다. 주관적인 견해 제시나 화려한 문장 테크닉이 필요한 파트가 아니라는 사실을 명심하자.

예

Q I am attending the writing workshop. Do I have to pay an extra fee for the materials?

저는 글쓰기 워크숍에 참여합니다. 자료에 대해 추가 비용을 지불해야 하나요?

A No, I don't think so. Materials will be provided for free.
So, you don't need to pay an extra fee for the materials. (O)

아니요, 그렇지 않습니다. 자료는 무료로 제공될 것입니다. 그러니 자료에 대한 추가 비용은 지불하지 않아도 됩니다.

Materials will be provided for free.
I'm sure you will be happy to hear this. (X)

자료는 무료로 제공될 것입니다. 이 얘기를 들으시면 분명 반가워하실 것 같네요.

일정은 현재 시제와 미래 시제 모두로 표현할 수 있다.

아직 일어나지 않은 일정에 대한 정보 제공 시, 앞으로의 가능성을 나타내므로 미래 시제를 사용할 수 있다. 한편으로 표에 제시된 정보 기반의 사실을 전달하는 것이므로 현재 시제도 사용 가능하다.

Q What time does the meeting start?
회의는 언제 시작하나요?

A The meeting starts at 8am. (O)
회의는 오전 8시에 시작합니다.

The meeting will start at 8am. (O)
회의는 오전 8시에 시작할 것입니다.

기본편

1 표의 정보를 문장으로 전달하기

Q 8-10에서는 표에 기재된 정보들을 기능어들과 조합하여 완성도 높은 문장으로 만들어 질문자가 요구한 정보 전달이 가능한지를 평가한다. 따라서 정보 성격에 따라 수반되어야 하는 기능어, 즉 필수 전치사를 잘 활용할 수 있어야 하고 제시된 숫자를 정보의 성격에 맞게 읽을 수 있어야 한다.

❶ 표의 주요 정보에 따라 수반되어야 하는 전치사 P4_01

시간 관련

시간	11 am / noon	at 11 am / noon
요일	Monday	on Monday
날짜	August 8	on August 8
요일 + 날짜	Friday, May 22	on Friday, May 22
월	February	in February
년도	2002	in 2002
시간 구간	3 pm – 4 pm	from 3 pm to 4 pm
날짜 구간	June 15 – July 3	from June 15 to July 3
년도 구간	2017 – 2019	from 2017 to 2019

장소 관련

도시, 국가	New York	in New York
학교	Queens College	at Queens College
회사	Donald Magazine	at Donald Magazine
일반 기관	Brooklyn Art Center	at the Brooklyn Art Center
	Kingston Agency	at the Kingston Agency
	Highview Hotel	at the Highview Hotel
건물 내 장소	conference room 307	in conference room 307
건물의 층	2nd floor	on the 2nd floor

기타

주제	~에 대한	a workshop on new technology 신기술에 대한 워크숍
		a presentation on stars 별들에 대한 발표
		the review on customer surveys 고객 조사에 대한 검토

행위자	~에 의한	it is by Tony Miller 그것은 Tony Miller가 했다
대상	~와	an interview with Jamie Brown Jamie Brown과의 인터뷰
지원한 직책	~직책에	applied for the assistant manager position 부지배인 직에 지원하였다
지난 이력	~로서	worked as a manager 지배인으로서 일하였다

❷ 정보의 성격에 맞게 숫자 읽기

날짜, 층 수 [서수] 읽기

1	first	16	sixteenth
2	second	17	seventeenth
3	third	18	eighteenth
4	fourth	19	nineteenth
5	fifth (fee-f th) *발음 오류 주의	20	twentieth (트웨-니으th) *발음 오류 주의
6	sixth	21	twenty first
7	seventh	22	twenty second
8	eighth	23	twenty third
9	ninth	24	twenty fourth
10	tenth	25	twenty fifth
11	eleventh	26	twenty sixth
12	twelfth	27	twenty seventh
13	thirteenth	28	twenty eighth
14	fourteenth	29	twenty ninth
15	fifteenth	30	thirtieth (th ㅓr- 리으th) *발음 오류 주의
		31	thirty first

년도 읽기

2000	two thousand	2011	two thousand eleven
2001	two thousand one	2012	two thousand twelve
2002	two thousand two	2013	two thousand thirteen
2003	two thousand three	2014	two thousand fourteen
2004	two thousand four	2015	two thousand fifteen
2005	two thousand five	2016	two thousand sixteen
2006	two thousand six	2017	two thousand seventeen
2007	two thousand seven	2018	two thousand eighteen
2008	two thousand eight	2019	two thousand nineteen
2009	two thousand nine	2020	two thousand twenty
2010	two thousand ten		

기타 숫자 읽기

방 번호	room 201	room two-o-one
	room 310	room three-one-o
비행 편	flight 873	flight number eight-seven-three
	flight 1409	flight number one-four-o-nine
화폐	$45	forty five dollars
	$120	(one) hundred and twenty dollars

2 질문 청취하며 유형 파악하기

Q 8-10는 질문이 텍스트로 화면에 나타나지 않고 음성으로만 제시된다. 따라서 질문 청취를 정확하게 하여 질문의 의도를 파악하는 연습이 되어 있어야 한다.

❶ 질문자의 상황 파악하기

문항별 질문에 앞서 질문하는 취지, 즉 질문 이유와 상황 설명이 질문자의 **내레이션**으로 먼저 주어진다. 이어질 질문과 마찬가지로 음성으로만 들려지고 화면에는 표가 띄워져 있다. 이 내레이션을 잘 이해하지 못해도 후속 질문에 답변하는 데는 큰 어려움이 없지만 질문자의 질문 의도를 미리 인지한 상태에서 후속 질문들을 접하면 질문 의도 이해에 도움이 된다. 혹시나 잘 듣지 못했다 하더라도 개의치 말고 실제 질문 청취에 집중하도록 한다.

일반적으로 내레이션의 내용은 '자신이 곧 참여하게 될 행사에 대해 정보를 원한다'는 것이거나 '일정표를 두고 왔으니 정보를 알려 달라'는 등의 부탁이다.

음성만 제시

Hi, I'm calling about the upcoming conference for gardening professionals. I have several questions I'd like to ask.

안녕하세요, 다가오는 원예 전문가 컨퍼런스에 대해 묻고자 전화했습니다. 답변해 주셨으면 하는 질문들이 몇 가지 있습니다.

▸ **표 유형 파악 및 질문 예측**

the upcoming conference → 다가오는 행사 일정에 대해 질문할 예정

❷ 질문의 수와 유형 파악하기

Q8에서는 **한 개** 혹은 **두 개**의 정보를 동시에 요구할 수 있다. 즉 두 개의 질문이 제시될 수 있다. 따라서 의문사에 집중하여 요청하는 정보들의 성격을 구별하여 파악하고 모두 놓치지 않고 답변해야 한다.

음성만 제시

Where is the conference being held and what time does it start?

행사는 어디에서 진행되고 몇 시에 시작하나요?

▸ **요청하는 정보의 수와 성격 파악**

where / being held → 행사가 진행되는 장소

what time / start → 행사가 시작되는 시간

❸ 표의 정보와 일치하는 어휘가 들리면 해당 부분 위치 파악하기

Q9과 Q10 문제 청취 시 **표에 제시된 정보와 일치하거나 연관성이 높은 단어**가 들리면 질문 청취와 **동시에** 표에서 해당 단어가 포함된 줄을 **빠르게 찾아서 읽고** 있어야 한다. 이어지는 준비 시간 3초 동안 빠르게 답변을 생각해 둔다.

음성만 제시

I don't want to miss the lecture on new planting techniques.
The lecture is in the morning, right?

새로운 식수 기술에 대한 강의를 놓치고 싶지 않은데요. 그 강의가 아침에 있는 게 맞죠?

Annual Conference for Gardening Professionals
Sunshine Hotel, Conference room 203
Tuesday, November 22
admission: $75

Time	Schedule
9:00 AM – 10:00 AM	Welcome Address
10:00 AM – 11:00 AM	Lecture : Gardening with Less Water
11:00 AM – NOON	~~Workshop : Maintaining City Gardens~~ Canceled
NOON – 1:00 AM	Lunch
1:00 AM – 2:00 AM	Panel Discussion: The Importance of Saving Water
2:00 PM – 3:00 PM	Lecture : New Planting Techniques
3:30 PM – 6:00 PM	Awards Ceremony : This Year's Most Beautiful Gardens

▸ **질문에서 틀린 내용과 표에서 일치하는 정보의 위치 파악**

질문 lecture on new planting techniques, morning

표 Lecture: New Planting Techniques, 2:00 PM – 3:00 PM

→ 질문자가 일정 진행 시간을 **잘못 알고** 있음

Q8-10

1 행사 일정표

STEP 1 질문 청취하며 표에서 관련 정보 찾기

Annual Science Conference 연례 과학 컨퍼런스 $40 admission fee (free for members) 입장료 40달러 (회원은 무료)			
May 1 5월 1일	1:00 pm–2:00 pm	Lecture: Environmental biology 강의: 환경 생물학	Conference Hall 대회의실
May 4 5월 4일	11:00 am–noon	Workshop: Fundamentals of science 워크숍: 과학의 기본	Lunch provided 점심 제공
May 15 5월 15일	2:00 pm–3:00 pm	Lecture: Marine biotechnology 강의: 해양 생물학	Auditorium 강당
June 10 6월 10일	noon –3:00 pm	Workshop: Evaluation of science 워크숍: 과학의 평가	Lunch provided 점심 제공
June 20 6월 20일	1:00 pm–3:00 pm	Movie: Arctic Animal Species 영화: 북극 동물 종	
June 26 6월 26일	2:00 pm–4:00 pm	Interview: Dr. Duke Washington 인터뷰: Duke Washington 박사	

Hi, I am a member of the scientists association and I am planning to participate in the annual science conference. I'd like to ask a few questions.
저는 과학 협회의 회원이고요 연례 과학 회의에 참가할 계획입니다. 몇 가지 질문에 답변해 주셨으면 합니다.

Q8 On what date does the conference begin and how much is the admission fee?
컨퍼런스는 며칠에 시작하고 참가비는 얼마인가요?

▶ May 1st / 40 dollars, free

Q9 I heard that we are going to watch a movie on wild plants. Is that right?
야생 식물에 대한 영화를 보게 될 것이라고 들었는데요. 맞나요?

▶ Arctic animal species

Q10 Can you tell me about any sessions that provide lunch?
점심을 제공하는 세션들에 대해 얘기해 주시겠어요?

▶ Fundamentals of science, Evaluation of science

STEP 2 모범 답변 학습하기 P4_02

Q8 On what date does the conference begin and how much is the admission fee?

A8 The conference will start on May 1st. The admission fee is 40 dollars, but it is free for the members.

콘퍼런스는 5월 1일에 시작합니다. 입장료는 40달러이지만 회원들에게는 무료입니다.

Q9 I heard that we are going to watch a movie on wild plants. Is that right?

A9 No, you've got the wrong information. The movie is on Arctic animal species, and it is on June 20th from 1 pm to 3 pm.

아니요, 당신이 잘못된 정보를 알고 있습니다. 그 영화는 북극의 동물에 관한 것이고 6월 20일 오후 1시부터 3시까지입니다.

Q10 Can you tell me about any sessions that provide lunch?

A10 Sure thing. There are two sessions that provide lunch. One is fundamentals of science. It is on May 4th from 11 am to noon. The other one is evaluation of science. It is on June 10th from noon to 3 pm.

물론이죠. 점심을 제공하는 세션은 두 개가 있습니다. 하나는 과학의 기본에 관한 것입니다. 5월 4일 오전 11시부터 정오까지입니다. 또 하나는 과학의 평가에 관한 것입니다. 6월 10일 정오부터 오후 3시까지입니다.

Q 8-10

STEP 3 모범 답변 복습하기 P4_02

Q8 On what date does the conference begin and how much is the admission fee?

A8 The conference will start (a) ______ May 1st. (b) ______ admission fee (c) ______ 40 dollars, but (d) ______ free for the members.

Q9 I heard that we are going to watch a movie on wild plants. Is that right?

A9 No, you've got the wrong information. The movie is (e) ______ Arctic animal species, and it is (f) ______ June 20th (g) ______ 1 pm (h) ______ 3 pm.

Q10 Can you tell me about any sessions that provide lunch?

A10 Sure thing. There are two sessions that provide lunch. One is fundamentals of science. It is (i) ______ May 4th (j) ______ 11 am (k) ______ noon. The other one is evaluation of science. It is (l) ______ June 10th (m) ______ noon (n) ______ 3 pm.

정답 (a) on (b) The (c) is (d) it is (e) on (f) on (g) from (h) to (i) on (j) from (k) to (l) on (m) from (n) to

Plus Question 내레이션과 질문을 듣고 답변해 보세요. P4_03 모범답변 P154

Lorna & Mackay Bookstore Yearly event schedule		
Date	Time	Event
July	1pm – 2pm	Children's Story Time: age 3 – 6
August	3pm – 4pm	Book Signing: Lucas Bradley
September	Noon – 1:30pm	Children's Book Club: age 5 – 8
October	4pm – 5pm	Writing Workshop: Materials provided
November	11am – 1pm	Book Discussion: Lunch provided
December	10am – Noon	Book Signing: Kelsey Arnold

Q8 When will the first book signing event be held, and what time does it start?

나의 답변

Q9 I heard that there will be a lunch time book review event. Do I have to bring my own lunch?

나의 답변

Q10 I know you have some events for children. Could you give me all the details about the events for children this year?

나의 답변

2 회의 일정표

STEP 1 질문 청취하며 표에서 관련 정보 찾기

Myers Fitness Center Myers 피트니스 센터
Staff meeting 사원 회의
April 9. Conference Room 708 4월 9일, 회의실 708호

Time 시간	Topic 주제	Speaker 발표자
9:00 – 9:30 am.	Monthly membership report 월례 회원권 보고서 – trends in membership numbers 회원권 수량 동향 – beginning of reduced fee promotion 할인 요금 프로모션 시작	Kylie Hudson
9:30 – 9:45 am.	Review of customer feedback survey 고객 피드백 설문 조사 검토	Jason Parker
9:45 – 10:15 am.	Proposed changes to fitness center 피트니스 센터에 변화 제안 – new construction: tennis court 새로운 공사 : 테니스장 – program addition: yoga classes 프로그램 추가: 요가 클래스	Tina Kim
10:15 – 10:30 am.	Gym equipment evaluation 체육관 설비 평가	Frank Coyle

Hi, this is Lyall, the manager. I am afraid I lost the latest copy of tomorrow's meeting agenda. I am hoping you can answer some questions for me.

안녕하세요, 매니저 Lyall입니다. 유감스럽지만 내일 회의 안건의 최종 복사본을 분실하고 말았습니다. 몇 가지 질문에 답변해 주셨으면 합니다.

Q8 Where will the meeting be held, and who is speaking first?
회의는 어디에서 진행되고, 첫 번째 발표자는 누구입니까?

▶ conference room seven-o-eight / Kylie Hudson

Q9 I might have to leave at 10:30 am. Could you tell me what I will miss?
오전 10시 30분에 떠나야 할 수도 있을 것 같습니다. 제가 무엇을 놓치게 될지 말씀해 주시겠습니까?

▶ not miss any topic

Q10 I recall that Tina Kim is presenting some information. Can you give me all the details about what Tina will be presenting?
제가 기억하기로는 Tina Kim 이 어떤 정보를 발표하기로 되어 있습니다. Tina 가 어떤 것에 관해 발표하게 될지 자세히 알려 주시겠습니까?

▶ the proposed changes to the fitness center, the new construction (of the tennis court), the program addition (for yoga classes), 9:45 – 10:15 am

Q 8-10

STEP 2 모범 답변 학습하기 P4_04

Q8 Where will the meeting be held, and who is speaking first?

A8 The meeting will take place in conference room seven-o-eight and Kylie Hudson will be speaking first.

회의는 회의실 708호에서 진행될 예정이며, Kylie Hudson이 첫 번째로 발표할 것입니다.

Q9 I might have to leave at 10:30 am. Could you tell me what I will miss?

A9 Sure thing. The last session ends at 10:30 am. So, you will not miss any topic.

물론입니다. 마지막 일정은 오전 10시 30분에 끝납니다. 그러므로, 어떠한 주제도 놓치지 않을 것입니다.

Q10 I recall that Tina Kim is presenting some information. Can you give me all the details about what Tina will be presenting?

A10 Sure. Tina Kim will talk about the proposed changes to the fitness center. One is on the new construction of the tennis court. The other one is on the program addition for yoga classes. It is from 9:45 to 10:15 am.

물론입니다. Tina Kim은 피트니스 센터에 변화를 제안하는 것에 대해 얘기할 것입니다. 하나는 테니스장 신축에 관한 것입니다. 다른 하나는 요가 수업 프로그램 추가에 관한 것입니다. 시간은 오전 9시 45분부터 10시 15분까지입니다.

STEP 3 모범 답변 복습하기 P4_04

Q8 Where will the meeting be held, and who is speaking first?

A8 The meeting will (a) ______ conference room seven-o-eight and Kylie Hudson will be (b) ______.

Q9 I might have to leave at 10:30 am. Could you tell me what I will miss?

A9 (c) ______. (d) ______ last session (e) ______ 10:30 am. So, you will (f) ______ any topic.

Q10 I recall that Tina Kim is presenting some information. Can you give me all the details about what Tina will be presenting?

A10 (g) ______. Tina Kim will (h) ______ proposed changes to the fitness center. (i) ______ is (j) ______ the tennis court. (k) ______ is (l) ______ for yoga classes. It is (m) ______ 9:45 (n) ______ 10:15 am.

정답 (a) will take place in (b) speaking first (c) Sure thing (d) The (e) ends at (f) not miss (g) Sure (h) talk about the (i) One (j) on the new construction of (k) The other one (l) on the program addition (m) from (n) to

Plus Question 내레이션과 질문을 듣고 답변해 보세요. P4_05 모범답변 P155

Darwin Central Hotel Meeting Agenda Friday, October 9th		
7:00 - 8:00 am	Results of guest feedback	Jonathan Wilson (HR manager)
8:00 - 8:30 am	New Services - Events for children: Volunteers needed - Shuttle service: From Nov 13th	David Lee (sales manager)
8:30 - 9:00 am	Monthly report	Kevin Lawson (vice president)
9:00 - 9:30 am	Proposed changes - Construction: Fitness center - Remodeling: Ballroom	Emily Albrow (general manager)

Q8-10

Q8 What time does the meeting start, and what is the first topic?

Q9 I might have to leave at 10am. What topics will I miss if I leave at 10?

Q10 I know that we will offer some new hotel services for the guests. Could you tell me all the details about the new services?

3 개인 업무 일정표

STEP 1 질문 청취하며 표에서 관련 정보 찾기

Jack Corners, student council member Jack Corners, 학생회 회원 **Student Services, Parkville University** 학생 서비스부, Parkville 대학 Wednesday, December 18 수요일, 12월 18일	
9:00 – 10:00 am	Weekly student council meeting 주례 학생회 모임
10:00 – 11:30 am	Cafeteria renovation: Building inspection 학교 식당 보수공사: 건물 시찰
11:30 – 12:30 pm	Office Hour 업무 시간
12:30 –1:00 pm	Lunch 점심시간
~~1:00 – 2:00 pm~~	~~Meeting: Department managers~~ moved to Dec 22, 3 pm ~~회의 : 부장~~ 12월 22일 오후 3시로 변경
2:00 – 3:30 pm	Cafeteria renovation: Budget updates 학교 식당 보수공사: 예산 업데이트
3:30 – 4:30 pm	Monthly meeting: Academic service committee 월례 회의: 학술 서비스 위원회
4:30 – 6:00 pm	Rehearsal: Graduation ceremony 리허설: 졸업식

Hello. This is Jack Corners. I think I left my schedule for tomorrow in the classroom. So, I want to check some details with you.

안녕하세요. Jack Corners입니다. 제가 내일 일정표를 강의실에 두고 온 것 같습니다. 그래서, 몇 가지 세부사항을 확인하고 싶습니다.

Q8 What is my first meeting tomorrow, and what time does it start?

내일 제 첫 번째 회의가 무엇이고, 몇 시에 시작합니까?

▶ weekly student council meeting / 9 am

Q9 I remember that I have a meeting with department managers. The meeting starts at 1 pm. Am I correct?

부장들과 회의가 있는 것으로 기억합니다. 회의가 오후 1시에 시작하는 것이 맞습니까?

▶ moved to Dec 22, 3 pm

Q10 I know that I have a few meetings scheduled regarding the renovation of our school cafeteria. Can you give me all the details of any appointments that I have regarding the cafeteria renovation?

학교 식당 보수공사에 관한 몇 가지 회의·일정이 있다고 알고 있습니다. 학교 식당 보수공사와 관련된 일정에 대해 자세한 정보를 알려주시겠습니까?

▶ Building inspection – 10:00 – 11:30 am, Budget updates – 2:00 – 3:30 pm

STEP 2 모범 답변 학습하기 P4_06

Q8 What is my first meeting tomorrow, and what time does it start?

A8 Your first meeting is the weekly student council meeting. It will start at 9 am.
당신의 첫 번째 회의는 주간 학생회 모임입니다. 회의는 오전 9시에 시작합니다.

Q9 I remember that I have a meeting with department managers. The meeting starts at 1pm. Am I correct?

A9 The meeting with the department managers has been moved to December 22nd, 3 pm.
부장들과의 회의는 12월 22일 오후 3시로 변경되었습니다.

Q10 I know that I have a few meetings scheduled regarding the renovation of our school cafeteria. Can you give me all the details of any appointments that I have regarding the cafeteria renovation?

A10 Sure thing. There are two meetings regarding the cafeteria renovation. One is on building inspection from 10 to 11:30 am. The other one is on budget updates from 2 to 3:30 pm.
물론입니다. 식당 보수공사에 관한 두 개의 회의가 있습니다. 하나는 건물 시찰에 관한 것이고 오전 10시부터 11시 30분까지입니다. 다른 하나는 예산 업데이트에 관한 것이고 오후 2시부터 3시 30분까지입니다.

Q 8-10

STEP 3 모범 답변 복습하기 P4_06

Q8 What is my first meeting tomorrow, and what time does it start?

A8 Your (a) ______ is the weekly student council meeting. It (b) ______ 9 am.

Q9 I remember that I have a meeting with department managers. The meeting starts at 1pm. Am I correct?

A9 The meeting (c) ______ department managers (d) ______ December 22nd, 3 pm.

Q10 I know that I have a few meetings scheduled regarding the renovation of our school cafeteria. Can you give me all the details of any appointments that I have regarding the cafeteria renovation?

A10 Sure thing. (e) ______ meetings (f) ______ cafeteria renovation. (g) ______ building inspection (h) ______ 10 (i) ______ 11:30 am. (j) ______ budget updates (k) ______ 2 (l) ______ 3:30 pm.

정답 (a) first meeting (b) will start at (c) with the (d) has been moved to (e) There are two (f) regarding the (g) One is on (h) from (i) to (j) The other one is on (k) from (l) to

+ Plus Question

내레이션과 질문을 듣고 답변해 보세요. P4_07 모범답변 P156

Catherine Bradley, Marketing Manager Schedule for Monday, October 15	
9:00 AM – 10:00 AM	Employee Performance Review
10:00 AM – 11:00 AM	Conference call: Chicago office directors
11:00 AM – Noon	Presentation to Vice President: business development
Noon – 1:00 PM	Product launching scheduling meeting Changed ··· October 18
1:00 PM – 2:00 PM	Presentation to new client: Orange Electronics
2:00 PM– 3:00 PM	Weekly budget report
3:00 PM – 4:00 PM	Conference call: Market brand team
4:00 PM – 5:00 PM	Meeting: Sales team Changed ··· October 16

Q8 When does the first conference call start, and who is it with?

나의 답변

Q9 We have a presentation at 1pm, and it is to our new client, SG Electronics. Is that right?

나의 답변

Q10 I heard that two items on the schedule have been moved. Can you tell me the details about the two items that have changed?

나의 답변

4 수업 일정표

STEP 1 질문 청취하며 표에서 관련 정보 찾기

Eagles Community Center (42 Drain Street) Eagles 문화 센터 (Drain가 42번)
Course Period: April 7 – May 29 강좌 기간: 4월 7일–5월 29일
$35 / course 강좌 당 35달러

Course 강좌	Days 요일	Time 시간	Notes 비고
Healthy cooking for family 가족을 위한 건강한 요리	Monday 월요일	5:15 - 6:30 pm	
Ballet dance for adults 성인을 위한 발레 댄스	Tuesday 화요일	7:00 - 8:15 pm	
Introduction to nutrition 영양학 입문	Tuesday 화요일	10:00 - 11:15 am	
Yoga exercise for beginners 초보자를 위한 요가 운동	Friday 금요일	7:00 - 8:00 pm	instructional video provided 교육용 영상 제공
Introduction to aerobic 에어로빅 입문	Friday 금요일	5:00 - 6:15 pm	
Relaxation techniques 휴식 기법	Saturday 토요일	10:00 - 11:15 am	

Hi! I am interested in courses of Eagles Community Center. I hope you can give me some information about the courses.

안녕하세요! 저는 Eagles 문화 센터 강좌에 관심이 있습니다. 강좌에 관해 몇 가지 정보를 주실 수 있으면 합니다.

Q8 Where is your center located and how much do the courses cost?
센터가 위치한 장소는 어디고 강좌는 얼마입니까?

▶ 42 Drain Street / $35 per course

Q9 I heard that all the courses will end in April. Is that right?
모든 강좌가 4월에 끝난다고 들었습니다. 맞습니까?

▶ May

Q10 I think I will be able to arrive there at 6 pm.
Can you give me details about the courses that take place after 6 pm?
제 생각에는 오후 6시에 그곳에 도착할 수 있을 것 같습니다. 오후 6시 이후에 진행되는 강좌에 대해 자세히 알려 주시겠습니까?

▶ Ballet dance for adults – Tuesday – 7:00 – 8:15 pm.
Yoga exercise for beginners – Friday – 7:00 – 8:00 pm

Q 8-10

STEP 2 모범 답변 학습하기 ◀)) P4_08

Q8 Where is your center located and how much do the courses cost?

A8 Our center is located on 42 Drain Street, and it is 35 dollars per course.
우리 센터는 Drain가 42번에 위치해 있고, 강좌당 35달러입니다.

Q9 I heard that all the courses will end in April. Is that right?

A9 No, you've got the wrong information. All the courses will end in May. The course period is from April 7th to May 29th.
아니요, 당신이 잘못된 정보를 알고 있습니다. 모든 강좌는 5월에 끝납니다. 수강 기간은 4월 7일부터 5월 29일까지입니다.

Q10 I think I will be able to arrive there at 6 pm. Can you give me details about the courses that take place after 6 pm?

A10 Sure thing. There are two courses after 6 pm. One is a ballet dance for adults from 7 to 8:15 pm on Tuesdays. The other one is yoga exercises for beginners from 7 to 8:00 pm on Fridays. Also, an instructional video will be provided for that class.
물론입니다. 오후 6시 이후에는 두 개의 강좌가 있습니다. 하나는 성인을 위한 발레 댄스이며 화요일 오후 7시부터 8시 15분까지입니다. 다른 하나는 초보자를 위한 요가 운동이며 금요일 오후 7시부터 8시까지입니다. 또한, 이 강좌에는 교육용 영상이 제공될 것입니다.

STEP 3 모범 답변 복습하기 ◀)) P4_08

Q8 Where is your center located and how much do the courses cost?

A8 Our center (a) ______ 42 Drain Street, and (b) ______ 35 dollars (c) ______ course.

Q9 I heard that all the courses will end in April. Is that right?

A9 (d) ______. All the courses will (e) ______ May. (f) ______ course period is (g) ______ April 7th (h) ______ May 29th.

Q10 I think I will be able to arrive there at 6 pm.
Can you give me details about the courses that take place after 6 pm?

A10 (i) ______. (j) ______ two courses (k) ______ 6 pm. One is a ballet dance for adults from 7 to 8:15 pm (l) ______ Tuesdays. The other one is yoga exercises for beginners from 7 to 8:00 pm (m) ______ Fridays. (n) ______, (o) ______ instructional video (p) ______ provided (q) ______.

정답 (a) is located on (b) it is (c) per (d) No, you've got the wrong information (e) end in (f) The (g) from (h) to (i) Sure thing (j) There are (k) after (l) on (m) on (n) Also (o) an (p) will be (q) for that class

Plus Question 내레이션과 질문을 듣고 답변해 보세요. P4_09 모범답변 P157

Harrold Education Center
Professional Development Courses for Tutors
Class Dates: September 3 – October 5
Cost per course: $90
(20% off ··· register before August 15)

Class	Day	Instructor
Developing teaching skills	Mondays	Saki Lee
Having discussions online	Tuesdays	Rob Smiths
Activities for group work	Thursdays	Kylie Lu
Organizing a lesson plan	Fridays	Eloise Craddock
Conducting a survey	Saturdays	Cathy Young
Certificate of registration available if needed		

Q 8-10

Q8 Which class is Dr. Lee teaching and on which day of the week?

Q9 I heard that the cost for the class is $90 each. Is there a way to get a discount?

Q10 I am interested in using the internet as a teaching resource. Could you tell me all the details of the classes on online activities?

5 면접 일정표

STEP 1 질문 청취하며 표에서 관련 정보 찾기

Sunshine Rental Service Sunshine 렌탈 서비스
Job interviews 채용 면접
Tuesday, November 21 11월 21일 화요일
Conference Room 6 회의실 6

Time 시간	Applicant Name 지원자명	Position 일자리	Previous Experience 경력
9:00 AM	Craig Dahl	Mechanic 정비공	Highview repair services Highview 수리 서비스
9:30 AM	Christina Orlando	Front Desk Receptionist 접수 데스크 담당자	Roger's rentals Roger's 렌탈
10:00 AM	Kiran Burrow	Engineer 엔지니어	Wellington warehouse Wellington 창고
10:30 AM	Harry Gibson	Office Manager 오피스 매니저	Roger's rentals Roger's 렌탈
11:00 AM	Demi Minogue	Front Desk Receptionist 사무직 매니저	None 없음
~~11:30 AM~~	~~Joshua Greens~~	~~Mechanic~~ 정비공	~~None~~ canceled 없음 취소됨

Hi. I heard that the interview schedule for new employees has been updated. I just want to confirm some details for the interview.

안녕하세요. 신규 직원 면접 일정이 업데이트 되었다고 들었습니다. 면접에 관한 몇 가지 세부사항을 확인하고 싶습니다.

Q8 Where will the interviews be held and who is the first applicant?
면접은 어디서 진행되고 첫 번째 지원자는 누구입니까?

▶ Conference Room 6 / Craig Dahl

Q9 I heard that the last interview is at 11:30 am. Is that right?
마지막 면접은 오전 11시 30분이라고 들었습니다. 맞습니까?

▶ canceled

Q10 I'm aware that some people have applied for the front desk receptionist position. Can you tell me about the people who have applied for that position?
몇몇 지원자들은 접수 데스크 담당자 자리로 지원했다는 것을 알고 있습니다. 해당 일자리로 지원한 사람들에 대해 말해줄 수 있습니까?

▶ Christina Orlando – 9:30 am – Roger's rentals, Demi Minogue – 11:00 am – no experience

STEP 2 모범 답변 학습하기 P4_10

Q8 Where will the interviews be held and who is the first applicant?

A8 The interviews will take place in conference room 6. The first applicant is Craig Dahl at 9 am.

면접은 회의실 6에서 진행될 것입니다. 첫 번째 지원자는 오전 9시의 Craig Dahl입니다.

Q9 I heard that the last interview is at 11:30 am. Is that right?

A9 No, you've got the wrong information. The interview at 11:30 am has been canceled. So, the last interview is at 11 am.

아니요, 당신이 잘못된 정보를 알고 있습니다. 오전 11시 30분의 면접은 취소되었습니다. 그러므로, 마지막 면접은 오전 11시입니다.

Q10 I'm aware that some people have applied for the front desk receptionist position. Can you tell me about the people who have applied for that position?

A10 Sure thing. There are two applicants. The first applicant is Christina Orlando. She has experience of working at Roger's Rentals and her interview is at 9:30 am. The other applicant is Demi Minogue. She has no work experience and her interview is at 11 am.

물론입니다. 두 명이 있습니다. 첫 번째 지원자는 Christina Orlando입니다. 그녀는 Roger's Rentals에서의 근무 경력이 있고 그녀의 면접은 오전 9시 30분입니다. 다른 지원자는 Demi Minogue입니다. 그녀는 근무 경력이 없고 그녀의 면접은 오전 11시입니다.

Q 8-10

STEP 3 모범 답변 복습하기 P4_10

Q8 Where will the interviews be held and who is the first applicant?

A8 The interviews (a) ______ (b) ______ conference room 6. The first applicant is Craig Dahl (c) ______ 9 am.

Q9 I heard that the last interview is at 11:30 am. Is that right?

A9 No, (d) ______. The interview (e) ______ 11:30 am (f) ______. So, the last interview is (g) ______ 11 am.

Q10 I'm aware that some people have applied for the front desk receptionist position. Can you tell me about the people who have applied for that position?

A10 Sure thing. (h) ______ two applicants. (i) ______ Christina Orlando. She has (j) ______ of (k) ______ Roger's Rentals and her interview is (l) ______ 9:30 am. (m) ______ Demi Minogue. She has (n) ______ and her interview is (o) ______ 11 am.

정답 (a) will take place (b) in (c) at (d) you've got the wrong information (e) at (f) has been canceled (g) at (h) There are (i) The first applicant is (j) experience (k) working at (l) at (m) The other applicant is (n) no work experience (o) at

Plus Question 내레이션과 질문을 듣고 답변해 보세요. P4_11 모범답변 P158

The British School of Art Interview Schedule Monday, June 23			
Time	Applicant	Position	Current Employer
11:00 - 11:30 am	Kimberly Carter	English tutor	Southlake Language Institute
11:30 - noon	Sophia Kim	Music tutor	Queens School
1:00 - 2:00 pm	Christian Gale	Art tutor	TY Institute
~~2:30 – 3:00 pm~~	~~Jenna MacPhie~~	~~Music tutor~~	~~Sand Home Tutoring~~ canceled
3:00 – 3:30 pm	Cindy Meyers	Math tutor	Jacksonville High School
4:30 – 5:00 pm	Luna Jackson	Art tutor	Goldilocks Tutoring Academy

Q8 What's the date of the interviews, and what position is the first applicant applying for?

나의 답변

Q9 As far as I know, we have two applicants for the position of music tutor. Is that right?

나의 답변

Q10 Can you tell me the details about all the interviews for the art tutor position?

나의 답변

Note

Set 1 🔊 P4_12 모범답변 P159

TOEIC Speaking

Questions 8-10: Respond to Questions using information provided

Directions:

In this part of the test, you will answer three questions based on the information provided. You will have 45 seconds to read the information before the questions begin. You will have three seconds to prepare after you hear each question. You will have 15 seconds to respond to Questions 8 and 9 and 30 seconds to respond to Question 10.

TOEIC Speaking **Question 8-10 of 11**

Brookland Marketing Company
Weekly Staff Meeting
Monday September 30th

1:30-3:00pm	New data collection procedures	Anna Whaley – Operations manager
3:00-4:00pm	Budget issues - Deadline: funding requests - Discussion: reducing costs	Kimberly Newman– Director
4:00-5:45pm	Updates on upcoming workshop - Reservation confirmed: Collin Hotel - Team building events	Nelly Kim – Administration manager
6:00-6:30pm	Office remodeling	Karen Ju - Facilities coordinator
6:30-7:00pm	Questions and Answers	

PREPARATION TIME
00 : 00 : 45

	Q8	Q9	Q10
PREPARATION TIME	00 : 00 : 03	00 : 00 : 03	00 : 00 : 03
RESPONSE TIME	00 : 00 : 15	00 : 00 : 15	00 : 00 : 30

Set 2

P4_13 모범답변 P160

TOEIC Speaking

Questions 8-10: Respond to Questions using information provided

Directions:

In this part of the test, you will answer three questions based on the information provided. You will have 45 seconds to read the information before the questions begin. You will have three seconds to prepare after you hear each question. You will have 15 seconds to respond to Questions 8 and 9 and 30 seconds to respond to Question 10.

TOEIC Speaking

Question 8-10 of 11

Association of Professional Translators Conference
Delta Convention Center
Saturday, Nov 13
Attendance fee: $45

8am	Welcome Celebration	Kelly Fisher
9am	Lecture: Marketing your Translation Business	Ann Brock
10am	Workshop: Interacting with Multiple Cultures	Julie Montana
Noon	Lunch	
2pm	Workshop: Translating Works of Fiction	Ken Collins
3pm	Demonstration: New Software for Translators	George Mackay
5pm	Panel Discussion: Translation in Public Relations	Lewis Hart

PREPARATION TIME
00 : 00 : 45

Q8	Q9	Q10
PREPARATION TIME	PREPARATION TIME	PREPARATION TIME
00 : 00 : 03	00 : 00 : 03	00 : 00 : 03
RESPONSE TIME	RESPONSE TIME	RESPONSE TIME
00 : 00 : 15	00 : 00 : 15	00 : 00 : 30

모범 답변 ANSWER

전략 다지기 유형편 Plus Question

1 행사 일정표 P4_03

Lorna & Mackay Bookstore Lorna & Mackay 서점
Yearly event schedule 연례행사 일정표

Date 날짜	Time 시간	Event 행사
July 7월	1pm – 2pm	Children's Story Time: age 3 – 6 어린이 동화 시간 : 3세부터 6세까지
August 8월	3pm – 4pm	Book Signing: Lucas Bradley 책 사인회 : Lucas Bradley
September 9월	Noon – 1:30pm	Children's Book Club: age 5 – 8 어린이 독서회 : 5세부터 8세까지
October 10월	4pm – 5pm	Writing Workshop: Materials provided 글쓰기 워크숍 : 준비물 제공
November 11월	11am – 1pm	Book Discussion: Lunch provided 점심시간 서평 : 점심 제공
December 12월	10am – Noon	Book Signing: Kelsey Arnold 책 사인회 : Kelsey Arnold

Hi, I am very interested in attending some events that will be held at Lorna & Mackay Bookstore. I want to ask you several questions about the events.

Q8 When will the first book signing event be held, and what time does it start?

A8 The first book signing event will take place in August, and it will start at 3 pm.

Q9 I heard that there will be a lunch time book review event. Do I have to buy my own lunch?

A9 No, I don't think so. Lunch will be provided for that event. So, you don't have to buy your own lunch.

Q10 I know you have some events for children. Could you give me all the details about the events for children this year?

A10 Sure, there will be two events for children. One is children's story time for ages 3 to 6 in July from 1 pm to 2 pm. The other one is children's book club for ages 5 to 8 in September from noon to 1:30 pm.

안녕하세요 저는 Lorna & Mackay 서점에서 진행되는 행사에 매우 관심이 있습니다. 행사 관련해서 몇 가지 질문을 하고 싶습니다.

Q8. 첫 번째 책 사인회는 언제 진행되나요? 그리고 몇 시에 시작하나요?
A8. 첫 번째 책 사인회는 8월에 진행되고 오후 3시에 시작할 것입니다.

Q9. 점심시간 서평 행사가 있다고 들었습니다. 제가 점심을 따로 사가야 하나요?
A9. 아니요. 그렇지 않은 것 같습니다. 그 행사에서 점심은 제공됩니다. 그래서 점심을 따로 살 필요 없습니다.

Q10. 아이들을 위한 행사가 있는 것으로 알고 있습니다. 올해 진행되는 아이들을 위한 행사에 대한 모든 상세 정보를 알려 줄 수 있나요?
A10. 물론이죠. 아이들을 위한 행사는 두 개가 있을 예정입니다. 하나는 6월에 있는 오후 1시부터 2시까지 진행되는 3살부터 6살까지를 위한 어린이 동화 시간입니다. 또 하나는 9월에 있는 정오부터 오후 1시 30분까지 진행되는 5살부터 8살까지를 위한 어린이 독서회입니다.

VOCA own 자신의 | provided 제공되는

◀◀◀ 2 ▶▶▶ 회의 일정표 P4_05

Darwin Central Hotel Darwin Central 호텔 Meeting Agenda 회의 안건 Friday, October 9th 금요일, 10월 9일		
7:00-8:00 am	Results of guest feedback 투숙객 피드백 결과	Jonathan Wilson (HR manager) 인사 매니저
8:00-8:30 am	New Services 신규 서비스 – Events for children: Volunteers needed 어린이 대상 행사: 지원자 필요 – Shuttle service: From Nov 13th 셔틀 서비스: 11월 13일부터	David Lee (sales manager) 영업 매니저
8:30-9:00 am	Monthly report 월간 보고서	Kevin Lawson (vice president) 부사장
9:00-9:30 am	Proposed changes 변경 제안사항 – Construction: Fitness center 공사: 피트니스 센터 – Remodeling: Ballroom 리모델링: 연회장	Emily Albrow (general manager) 총지배인

I am attending tomorrow's meeting, but I think I lost my agenda. Could you give me some information about tomorrow's meeting?

제가 내일 회의에 참여하는데 안건 표를 잃어버린 것 같습니다. 내일 회의에 대해 정보를 좀 줄 수 있나요?

Q8 What time does the meeting start, and what is the first topic?

A8 The meeting will start at 7 am and the first topic is on the results of guest feedback.

Q8. 회의는 몇 시에 시작하나요, 그리고 첫 번째 주제는 무엇인가요?
A8. 회의는 오전 7시에 시작될 예정이고 첫 번째 주제는 투숙객 피드백 결과입니다.

Q9 I might have to leave at 10 am. What topics will I miss if I leave at 10?

A9 You will not miss any topic if you leave at 10 am, because the last session ends at 9:30 am.

Q9. 제가 10시에 떠나야 될지도 모릅니다. 제가 10시에 떠나면 놓치게 되는 주제들이 무엇인가요?
A9. 당신이 오전 10시에 떠나도 놓치게 되는 주제가 없습니다. 왜냐하면 마지막 일정이 9시 30분에 끝나기 때문입니다.

Q10 I know that we will offer some new hotel services for the guests. Could you tell me all the details about the new services?

A10 Sure, the sales manager David Lee will talk about new services from 8 am to 8:30 am. One is on events for children and volunteers will be needed. The other one is on the shuttle service and it will start from November 13th.

Q10. 고객들에게 새로운 호텔 서비스를 제공하기로 한 것을 알고 있습니다. 새로운 서비스들에 대해 모든 상세 정보를 알려줄 수 있나요?
A10. 물론이죠. 영업 매니저 David Lee가 8시부터 8시 30분까지 새로운 서비스에 대해 이야기할 예정입니다. 하나는 어린이 대상 행사에 대한 것이고 자원자가 필요할 것이라 합니다. 다른 하나는 셔틀 서비스에 관한 것이고 11월 13일부터 시작한다고 합니다.

VOCA leave 떠나다 | miss 놓치다 | offer 제공하다

◂◂◂ 3 ▸▸▸ 개인 업무 일정표 P4_07

Catherine Bradley, Marketing Manager Catherine Bradley, 마케팅 매니저 Schedule for Monday, October 15 10월 15일, 월요일 스케줄	
9:00 AM - 10:00 AM	Employee Performance Review 직원 업무 평가
10:00 AM - 11:00 AM	Conference call: Chicago office directors 전화 회의 시카고 지사장들
11:00 AM - Noon	Presentation to Vice President : business development 부사장 대상 발표: 사업 발전
Noon - 1:00 PM	Product launching scheduling meeting 상품 론칭 일정 미팅 Changed ···› October 18 변경됨 → 10월 18일
1:00 PM - 2:00 PM	Presentation to new client : Orange Electronics 신규 고객 대상 발표: Orange 전자
2:00 PM - 3:00 PM	Weekly budget report 주례 예산 보고
3:00 PM - 4:00 PM	Conference call : Market brand team 전화 회의 : 시장 브랜드 팀
4:00 PM - 5:00 PM	Meeting: Sales team 영업팀 회의 Changed ···› October 16 변경됨 → 10월 16일

I think I left my schedule behind in my office. Could you tell me what's on my schedule?

Q8 When does the first conference call start, and who is it with?

A8 The first conference call will start at 10 am and it is with the Chicago office directors.

Q9 We have a presentation at 1 pm, and it is to our new client, SG Electronics. Is that right?

A9 No, I don't think so. The presentation is to our new client Orange electronics, not SG electronics.

Q10 I heard that two items on the schedule have been moved. Can you tell me the details about the two items that have changed?

A10 Sure, one is a product launch scheduling meeting from noon to 1 pm, and it has been changed to October 18th. The other one is a meeting with the sales team from 4 pm to 5 pm, and it has been changed to October 16th.

제가 사무실에 일정표를 두고 온 것 같습니다. 제 일정에 뭐가 있는지 알려 주실 수 있나요?

Q8. 첫 번째 전화 회의는 언제 시작하나요? 그리고 누구와 함께 하나요?
A8. 첫 번째 전화 회의는 오전 10시에 시작할 예정입니다. 그리고 시카고 지사장들과 함께 합니다.

Q9. 우리가 오후 1시에 새로운 고객사 SG 전자를 대상으로 발표가 있는 것이 맞나요?
A9. 아니요 그렇지 않은 것 같습니다. 발표는 SG전자가 아니라 우리의 새로운 고객사인 Orange 전자를 대상으로 합니다.

Q10. 두 가지 일정이 변경되었다고 들었습니다. 변경된 두 일정들에 대해 상세 정보를 알려줄 수 있나요?
A10. 물론이죠, 하나는 정오부터 1시까지 있는 상품 론칭 일정 미팅입니다. 그리고 이 일정은 10월 18일로 변경되었습니다. 또 하나는 4시부터 5시까지 있는 영업팀과의 미팅입니다. 그 일정은 10월 16일로 변경되었습니다.

VOCA moved 변경된 | changed 변경된

4 수업 일정표 P4_09

Harrold Education Center Harold 교육 센터 Professional Development Courses for Tutors 지도교사를 위한 전문성 개발 코스 Class Dates: September 3 - October 5 수업 일자: 9월 3일 - 10월 5일 Cost per course : $90 코스당 비용 : 90 달러 (20% off → register before August 15) (20% 할인 → 8월 15일 이전 등록 시)		
Class 수업	**Day** 요일	**Instructor** 강사
Developing teaching skills 수업 능력 개발하기	Mondays 월요일	Saki Lee
Having discussions online 온라인으로 토론하기	Tuesdays 화요일	Rob Smiths
Activities for group work 조별 과제 활동	Thursdays 목요일	Kylie Lu
Organizing a lesson plan 수업 계획 짜기	Fridays 금요일	Eloise Craddock
Conducting an online survey 온라인 설문조사 하기	Saturdays 토요일	Cathy Young
Certificate of registration available if needed 필요시 등록 증명서 발급 가능		

I am thinking about taking some classes for tutors. I want to get some more information about the classes.

Q8 Which class is Dr. Lee teaching and on which day of the week?

A8 Dr. Lee will be teaching on developing teaching skills on Mondays.

Q9 I heard that the cost for the class is $90 each. Is there a way to get a discount?

A9 Yes, there is. You can get a twenty percent discount if you register before August 15th.

Q10 I am interested in using the internet as a teaching resource. Could you tell me all the details of the classes on online activities?

A10 Sure, there will be two classes. One is on having online discussions on Tuesdays by Rob Smiths. The other one is on conducting an online survey on Saturdays by Cathy Young.

지도교사들을 위한 수업을 들을까 생각 중입니다. 수업에 대해 더 많은 정보를 얻고 싶습니다.

Q8. Dr. Lee가 지도하는 수업은 어떤 것인가요? 그리고 무슨 요일에 하나요?

A8. Dr. Lee는 월요일마다 수업 능력 개발에 대해 지도할 것입니다.

Q9. 수업료가 각 90달러라고 들었습니다. 할인받을 수 있는 방법이 있나요?

A9. 네 있습니다. 8월 15일 이전에 등록하면 20 프로 할인을 받을 수 있습니다.

Q10. 저는 지도 수단으로 인터넷을 사용하는 것에 관심이 있습니다. 온라인 활동에 대한 수업들의 상세 정보를 모두 알려줄 수 있나요?

A10. 물론이죠. 두 개의 수업이 있습니다. 하나는 화요일마다 Rob Smiths가 진행하는 온라인 토론입니다. 또 하나는 토요일마다 Cathy Young이 진행하는 온라인 설문조사입니다.

VOCA cost 비용 | discount 할인 | register 등록하다

5 면접 일정표 PI_11

The British School of Art 영국 예술 학교 Interview Schedule 면접 일정표 Monday, June 23 월요일, 6월 23일			
Time 시간	Applicant 지원자	Position 담당	Current Employer 현재 소속
11:00-11:30 am	Kimberly Carter	English tutor 영어 강사	Southlake Language Institute Southlake 어학원
11:30-noon	Sophia Kim	Music tutor 음악 강사	Queens School Queens 학교
1:00-2:00 pm	Christian Gale	Art tutor 미술 강사	TY Institute TY 교육기관
~~2:30 - 3:00 pm~~	~~Jenna MacPhie~~	~~Music tutor~~ 음악 강사	~~Sand Home Tutoring~~ canceled Sand 홈 스쿨 취소됨
3:00 - 3:30 pm	Cindy Meyers	Math tutor 수학 강사	Jacksonville High School Jacksonville 고등학교
4:30 - 5:00 pm	Luna Jackson	Art tutor 미술 강사	Goldilocks Tutoring Academy Goldilocks 과외 학원

Hello, I was hoping if you can give me some information about the upcoming interview.

안녕하세요, 다가오는 면접에 대해 몇 가지 정보를 주셨으면 합니다.

Q8 What's the date of the interviews, and what position is the first applicant applying for?

A8 The interview will take place on June 23rd, and the first applicant has applied for the English tutor position.

Q8. 면접 날짜가 어떻게 되나요? 그리고 첫 번째 지원자가 지원한 담당은 무엇인가요?
A8. 면접은 6월 23일에 진행됩니다. 그리고 첫 번째 지원자는 영어 강사에 지원했습니다.

Q9 As far as I know, we have two applicants for the position of music tutor. Is that right?

A9 No, I don't think so. The interview with Jenna MacPhie has been canceled. So, there is only one applicant.

Q9. 제가 알기로는 음악 강사에 지원자가 2명입니다. 맞나요?
A9. 아니요 그렇지 않은 것 같습니다. Jenna MacPhie와의 면접은 취소되었습니다. 그래서 한 명의 지원자 밖에 없습니다.

Q10 Can you tell me the details about all the interviews for the art tutor position?

A10 Sure, there will be two interviews. One is with Christian Gale from 1 pm to 2 pm. She has worked at the TY Institute. The other one is with Luna Jackson from 4:30 pm to 5 pm. She has worked at the Goldilocks Tutoring Academy.

Q10. 미술 강사 담당 면접에 대한 모든 상세 정보를 알려줄 수 있나요?
A10. 물론이죠, 두 개의 면접이 있습니다. 하나는 1시부터 2시까지 있는 Christian Gale과의 면접입니다. 그녀는 TY 교육기관에서 일하고 있습니다. 또 하나는 4시 30분부터 5시까지 있는 Luna Jackson과의 면접입니다. 그녀는 Goldilocks 과외 학원에서 일하고 있습니다.

VOCA applied 지원한 | canceled 취소된

SET 1 ◀)) P4_12

Brooklande Marketing Company Brookland 마케팅 회사 Weekly Staff Meeting 주례 직원회의 Monday, September 30th 9월 30일, 월요일		
1:30-3:00 pm	New data collection procedures 신규 데이터 수집 절차	Anna Whaley - Operations manager 운영 매니저
3:00-4:00 pm	Budget issues 예산 문제 - Deadline: funding requests 마감 기한: 자금 지원 요청 - Discussion: reducing costs 토론: 비용 절감	Kimberly Newman - Director 팀장
4:00-5:45 pm	Updates on upcoming workshop 다가오는 워크숍 관련 업데이트 - Reservation confirmed: Collin Hotel 예약 완료: Collin 호텔 - Team building events 팀 단합 행사	Nelly Kim - Administration manager 행정 매니저
6:00-6:30 pm	Office remodeling 오피스 리모델링	Karen Ju - Facilities manager 시설 매니저
6:30-7:00 pm	Questions and Answers 질문과 답변	

Hi, I'm attending the staff meeting today, but I can't find my agenda. I have some questions about it.

Q8 I want to know about the office remodeling. What time does the remodeling start and who is in charge of it?

A8 The facilities manager Karen Ju will talk about the office remodeling and it will start at 6 pm.

Q9 I don't think I can get to the meeting until 1 pm. Which topic would I miss if I don't arrive before 1 pm?

A9 The meeting will start at 1:30 pm, so you will not miss any topic.

Q10 I heard that someone will talk about the budget issues at the meeting. Can you tell me details about the budget issues?

A10 Sure, our director Kimberly Newman will talk about the budget issues. One is on the deadline for the funding requests. The other one is on a discussion about reducing costs.

안녕하세요, 오늘 직원회의에 참여하는데 안건 표를 못 찾고 있습니다. 회의 관련 몇 가지 질문을 드리겠습니다.

Q8. 사무실 리모델링 건에 대해 알고 싶습니다. 리모델링 관련 업데이트는 몇 시에 시작하고 누가 담당하나요?
A8. 시설 매니저 Karen Ju가 사무실 리모델링 건에 대해 이야기할 예정이고 6시에 시작합니다.

Q9. 제가 1시 전까지는 회의에 도착하지 못할 것 같습니다. 1시 전에 도착하지 못하면 놓치게 되는 주제가 무엇인가요?
A9. 회의는 1시 30분에 시작합니다. 그래서 당신이 놓치게 되는 주제는 없습니다.

Q10. 회의에서 누군가가 예산 문제에 관해 이야기할 것이라 들었습니다. 예산 문제 관련된 상세 정보를 알려줄 수 있나요?
A10. 물론이죠, 저희 팀장 Kimberly Newman이 예산 문제에 대해 이야기할 예정입니다. 하나는 자금 지원 요청의 마감에 대한 것입니다. 또 하나는 비용 절감 관련 토론에 대한 것입니다.

VOCA arrive 도착하다 | budget 예산

SET 2

P4_13

Association of Professional Translators Conference 전문 번역가 협회 컨퍼런스 Delta Convention Center Delta 컨벤션 센터 Saturday, Nov 13 토요일, 11월 13일 Attendance fee : $45 참가비 : 45달러		
8am	Welcome Celebration 환영 행사	Kelly Fisher
9am	Lecture: Marketing your Translation Business 강의: 번역 비즈니스 마케팅하기	Ann Brock
10am	Workshop: Interacting with Multiple Cultures 워크숍: 다른 문화권과 교류하기	Julie Montana
Noon	Lunch 점심	
2pm	Workshop: Translating Works of Fiction 워크숍: 소설 작품 번역하기	Ken Collins
3pm	Demonstration: New Software for Translators 시연회: 번역가를 위한 신규 소프트웨어	George Mackay
5pm	Panel Discussion: Translation in Public Relations 공개 토론회: 홍보 업무에서의 번역	Lewis Hart

Hi, I am interested in attending the conference on Saturday. I hope you can answer some questions for me.

Q8 Where will the conference be held, and what time does the lecture begin?

A8 The conference will take place at the Delta Convention Center and the lecture will start at 9 am.

Q9 I heard the attendance fee is free this year, right?

A9 No, I don't think so. The attendance fee is not free this year. It is 45 dollars.

Q10 I am thinking of attending all the workshops at the conference. Can you give me all the details you have about the workshops?

A10 Sure, there will be two workshops. One is a workshop on Interacting with Multiple Cultures by Julie Montana at 10 am. The other one is a workshop on Translating Works of Fiction by Ken Collins at 2 pm.

안녕하세요, 저는 토요일에 진행되는 컨퍼런스 참여에 관심이 있습니다. 몇 가지 질문에 답변해 주셨으면 합니다.

Q8. 컨퍼런스는 어디에서 진행되고 강의는 몇 시에 시작하나요?
A8. 컨퍼런스는 Delta 컨벤션 센터에서 진행되고 강의는 9시에 시작될 예정입니다.

Q9. 올해 참가비가 무료라고 들었습니다, 맞나요?
A9. 아니요, 그렇지 않은 것 같습니다. 올해 참가비는 무료가 아닙니다. 45달러입니다.

Q10. 저는 컨퍼런스의 모든 워크숍에 참여할 생각입니다. 당신이 알고 있는 워크숍에 대한 모든 상세 정보를 알려줄 수 있나요?
A10. 물론이죠, 두 개의 워크숍이 있을 예정입니다. 하나는 오전 10시에 Julie Montana가 진행하는 다양한 문화권과 교류하기에 대한 워크숍입니다. 또 하나는 오후 2시에 Ken Collins가 진행하는 소설 작품 번역하기에 대한 워크숍입니다.

VOCA free 무료 | attending 참여하는

Note

Q8-10

Q 11

의견 제시하기

Express your opinion

Q 11은 **인터뷰 형식의 질문**에 대해 **수험자 자신의 입장을 제시한 후** 그 입장을 선택한 **이유와 근거**를 60초의 시간 동안 **논리적으로 진술해야 하는 문제**입니다.

질문의 요지를 정확하게 이해하고 분명한 입장 표명을 하였는지, 이해 가능한 설득력 있는 논거들로 답변하였는지에 대해 우선적으로 평가합니다. 따라서 어떤 답변을 하는가에 못지않게 질문의 의도 파악이 중요합니다.

45초 동안의 준비 시간을 활용하여 질문의 요지를 정리하고 답변의 주장과 이유를 논리적으로 전개할 수 있도록 미리 구상해 두어야 합니다.

자가 진단 리스트

1 제한시간 60초 이내에 완성도 높은 답변을 하였는가?

YES ☐ NO ☐

2 근거나 이유에 대해 상세하게 서술하였는가?

YES ☐ NO ☐

3 주어진 문제와 연관성이 높은 답변을 하였는가?

YES ☐ NO ☐

4 논리적 비약을 최소화하여 답변하였는가?

YES ☐ NO ☐

5 발음 및 강세에 유의하여 답변하였는가?

YES ☐ NO ☐

6 학습된 템플릿을 적소에 활용하였는가?

YES ☐ NO ☐

한 눈에 보기

INTRO

Q11

1 시험정보

문제 번호	준비 시간	답변 시간	평가 점수
Question 11	45초	60초	0 ~ 5점

평가 기준

- 발음, 강세, 억양 기반의 전달력
- 문제와 연관성이 높은 정확한 과제 수행력
- 어휘력과 전반적인 문장 구성력 (복문 사용 여부)
- 문법과 문장 완성도
- 응집성과 인과 관계가 명확한 논리적인 전개력

빈출 지문 유형

❶ 직무 – 업무 환경
❷ 직무 – 직원 역량
❸ 교육 – 학습 종료
❹ 교육 – 일 경험
❺ 일반 – 여가생활

수강생들의 FAQ

Q **Q 11은 다른 파트들보다 속도감 있게 답변하기가 특히 더 어렵습니다. 말을 길게 하다 보면 주저하거나 끊기는 부분이 많아지는데 점수에 영향이 있을까요?**

A 긴 발화가 어려운 수험자일수록 Q 11은 가급적 즉흥적인 영작을 최소화하고 미리 숙지한 유형별 템플릿을 활용하여 답변하는 것이 주요 전략입니다. 단, 이 경우의 부작용은 주저하거나 답변이 끊기는 대신 정반대로 답변 속도의 완급 조절에 실패하여 암기한 티가 나는 기계적인 답변이 되어 채점자들에게 부정적인 인상을 주는 것입니다. 따라서 즉흥적인 답변처럼 들리도록 답변 도중 간헐적으로 음... 엄... 과 같은 소리를 내며 자연스러운 pause를 만들면서 답변하는 것이 좋습니다.

Q **본인의 경험을 예로 들어야 좋은 점수를 받을 수 있다고 들었습니다. 사실인가요?**

A 논리적인 전개를 위해 상세한 예시나 이유로 뒷받침해야 하는 것은 맞습니다. 다만 꼭 본인의 경험을 예로 들어야 하는 것은 아닙니다. 오히려 작문력이 부족한 수험자들은 예시로 드는 경험의 소재가 지나치게 지엽적이어서 논점을 흐리는 경우가 많습니다. 본인의 실제 경험인지 아닌지를 떠나 객관적인 관점에서 주장과 이유에 대한 인과를 탄탄하게 형성하고 일목요연하게 답변하는 것이 고득점의 지름길입니다.

3 시험화면

TOEIC Speaking

Question 11: Express your opinion

Directions:
In this part of the test, you will give your opinion about a specific topic. Be sure to say as much as you can in the time allowed. You will have 45 seconds to prepare. Then you will have 60 seconds to speak.

안내문

45초의 준비 시간과 60초의 답변 시간이 주어진다는 안내 음성과 함께 같은 내용이 화면에 텍스트로 보여진다.

TOEIC Speaking
Question 11 of 11

Would it be better for students to see a live performance than to watch video clips of a performance? Why or why not?

PREPARATION TIME
00 : 00 : 45

준비 시간 45초

문제가 화면에 제시되고, "Begin preparing now." 라는 음성이 나온다. 이어지는 'beep' 소리 이후 45초의 준비 시간이 주어진다.

TOEIC Speaking
Question 11 of 11

Would it be better for students to see a live performance than to watch video clips of a performance? Why or why not?

RESPONSE TIME
00 : 01 : 00

답변 시간 60초

준비 시간 종료 후, "Begin speaking now."라는 음성이 나온다. 이어지는 'beep' 소리 이후 60초의 답변 시간이 주어진다.

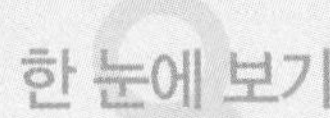

핵심전략

Q 11

핵심만 한방에!

Q 11은 정확한 질문 이해를 바탕으로 한 명확한 입장 표명과 논리적 인과관계 제시가 과제 수행의 핵심이다. 답변 시작 시 문제의 일부 내용을 그대로 인용하며 명료한 입장을 제시하고 이어서 주제와 관련성 높은 근거와 이유를 답변에 꼭 포함시킨다. 자신의 입장과 그에 대한 근거를 납득시키기 위해 문장들의 결속력을 높이는 데도 힘써야 한다.

준비 시간 활용 전략 (45초)

❶ 문제를 정확히 해석한다.

비교적 짧은 준비 시간이 주어지기 때문에 이 시간은 문제의 요지를 정확히 이해하고 답변 방향을 정하는 정도로 활용하는 것이 좋다. 상당히 복잡하고 어려운 어휘로 구성되어 있는 문제가 종종 출제되니 꼼꼼히 읽고 해석하지 않으면 자칫 질문 요지에서 벗어나 동문서답을 하는 불상사가 발생할 수 있다.

❷ 지지할 입장과 근거의 뼈대 표현을 적어 둔다.

준비 시간을 활용하여 scrap paper에 지지할 입장과 뒷받침할 근거 및 이유에 대해 윤곽이 될 만한 표현들을 논리 전개 순서에 맞게 적어 둔다. 이 뼈대 표현들을 기반으로 답변 시간에 문장을 빠르게 완성하여 효율적으로 진술해야 한다. 자세한 팁은 〈전략 다지기〉를 참고하자.

2 답변 전략 (60초)

❶ 근거 논리 비약을 줄인다.

결론, 즉 본인의 주장이 도출된 **과정과 이유를 가능한 한 자세히 서술**해야 설득력이 높아진다. 논리 비약을 최소화하도록 **답변 문장들의 결속력**에 각별히 신경 써서 **일목요연**한 답변을 만들어야 한다. 사용하는 어휘와 문장의 수준이 비교적 낮고 단순하더라도 쉽게 납득이 될 만한 근거를 제시하는 것이 더 좋은 답변이다.

❷ 조동사를 사용하거나 순화된 문체로 말한다.

주장하는 의견을 뒷받침하기 위해 예상되는 결과나 효과를 제시할 때 확정적이고 단호한 표현을 쓰기보다는 조심스럽고 부드럽게 주장을 제시하는 편이 좋다. 청자의 입장에서 거부감이 들지 않고 납득하기도 쉬워지기 때문이다. 조동사 등을 사용해 추측 또는 가능성의 표현으로 순화시킬 수 있다.

- If so, students don't study. (X) → 단호한 부정의 표현
  만일 그렇게 된다면 학생들은 공부를 안 한다.
- If so, students will not study. (O) → 추측의 표현
  만일 그렇게 된다면 학생들은 공부를 하지 않을 수도 있다.
- If so, students are less likely to study. (O) → 가능성의 표현
  만일 그렇게 된다면 학생들은 공부를 하게 될 확률이 낮을 것이다.

❸ 개인적인 견해를 제시할 때 사용하기 적합한 어휘

can	~ 할 수 있다	will	~일 수도 있다
cannot	~ 할 수 없다	will not	~이지 않을 수도 있다
might	~ 일지도 모른다	more likely to	~할 가능성이 높다
might not	~ 가 아닐지도 모른다	less likely to	~할 가능성이 적다

❹ 논거를 매끄럽게 연결시켜주는 연결어

also	또한	if not	만일 그렇지 않다면
so	그래서	because	왜냐하면
then	그렇다면	for example	예를 들자면
if so	만일 그렇다면		

기 본 편

1

답변 준비하기

다양한 주제에 대한 답변 템플릿을 학습하기에 앞서 문제 유형을 이해하고 준비 시간 동안 답변을 구상하는 방법을 알아보자.

❶ 문제 유형

동의/미동의 선택 문제

Do you agree or disagree with the following statement?
다음 진술에 동의하나요, 동의하지 않나요?
→ 동의할지 미동의 할지 한쪽만 선택하여 이유 제시

장점을 묻는 문제

What are the advantages of A?
A의 장점은 무엇일까요?
→ 장점에 편향된 근거 제시

단점을 묻는 문제

What are the disadvantages of A?
A의 단점은 무엇일까요?
→ 단점에 편향된 근거 제시

양자택일 문제

Which do you think is better, A or B?
어떤 것이 더 나은가요? A인가요, B인가요?
→ 둘 중 하나를 선택하여 지지하는 이유 제시

3중 택 1 문제

Which of the following do you ~?
다음 중 어떤 것을 ~하나요?
→ 셋 중 하나를 선택하여 지지하는 이유 제시

일반 주관식

→ 문제에 따라 적절한 논리와 이유 제시

❷ 효율적인 노트 테이킹 노하우

Do you agree or disagree with the following statement?
아래의 진술에 동의합니까 미동의합니까?

"People who work at home are less productive than people who work in the office."
"재택 근무를 하는 사람은 회사 사무실에서 일하는 사람보다 덜 생산적이다"

▸ **질문에서 묻는 요점과 선택한 답변 적기**

질문 요지 : 재택근무 비생산적?
답변 선택 : agree

▸ **뒷받침할 근거의 뼈대 적기 (논리 전개 순서대로 필기해 둘 것)**

근거 1 communicate efficiently → motivate employees to work harder → get better results
효율적으로 의사소통 가능 / 더 열심히 일할 의욕이 생김 / 더 나은 결과

근거 2 chemistry → teamwork → easier, less time-consuming
공감대 / 팀워크 / 쉽고 시간이 덜 듦

▸ **위의 뼈대 표현을 보며 한 문장씩 완성하여 논리적인 전개 순서로 답변하기**

질문과 관련하여 떠오르는 어휘가 있다면 되도록 많이 적어 두는 것이 좋지만 순서가 뒤죽박죽이 되면 오히려 문장으로 이어 말하기가 어려워 논리적인 답변 전개에 방해가 될 수 있다. Q 11은 답변 주장과 이유 간의 인과관계 여부도 포괄적으로 평가하기 때문에 결과가 도출되기까지의 과정과 문장들의 연결 순서를 반드시 생각하면서 필기해 두어야 한다.

2 근거 제시 답변 템플릿

Q 11

빈출 주제별 가점에 최적화되어 있는 답변 템플릿을 학습해 보자. 템플릿 자체에 답변 논리가 포함되어 있기 때문에 문제에 따라 최소한의 내용만 변형하여 사용할 수 있다.

❶ 기본 답변 템플릿

입장 제시	I support the idea that + 입장 저는 ~한다는 생각에 동의합니다.
첫 번째 근거 제시	If + 입장에 대한 가정, 가정에 대한 결과 만약 ~한다면, ~할 것입니다.
두 번째 근거 제시	Also, if + 입장에 대한 가정, 가정에 대한 결과 또한, 만약 ~한다면, ~할 것입니다.
마무리	So, this my opinion about the statement. 그러므로, 이것이 서술된 질문에 대한 저의 의견입니다.

❷ 문제 유형별 [근거 제시] 템플릿

▸ 교육 - 특정 학습에 대한 견해

긍정적 → 근거 학업 스트레스 해소와 지식 습득 및 창의력 계발

근거 1 학업 스트레스 해소

If students learn how to play a musical instrument, they can relieve stress because it is fun.
만약 학생들이 악기 연주하는 법을 배운다면, 재미있기 때문에 스트레스를 해소할 수 있습니다.

If so, students will be motivated to study harder.
그렇다면, 학생들은 더 열심히 공부할 수 있도록 동기부여가 될 것입니다.

If they study harder, they are more likely to get better grades.
그들이 더 열심히 공부하면, 더 좋은 성적을 받게 될 것입니다.

근거 2 지식 습득, 창의력 계발

Also, if students learn how to play a musical instrument, they will become more knowledgeable about music.
또한, 만약 학생들이 악기 연주하는 법을 배운다면, 그들은 음악에 관하여 더 잘 알게 될 것입니다.

That way, they will become more creative. I think being creative is important for students.
그렇게 되면, 그들은 더 창의적인 사람이 될 것입니다. 창의력 계발은 학생들에게 중요하다고 생각합니다.

KEY EXPRESSIONS

- relieve stress
  스트레스를 해소하다
- ~ is fun
  ~는 즐겁다
- motivate someone
  누군가에게 동기를 부여하다
- study harder
  열심히 공부하다
- get better grades
  더 좋은 성적을 받다
- become knowledgeable about~
  ~에 대해 잘 알게 되다
- become creative
  창의적인 사람이 되다

▸ 교육 - 학업 영향 요소에 대한 견해

부정적 → 근거 집중력 저하와 운동 부족

근거 1 학습에 부정적 – 집중력 저하

If students bring their phones to school, they will check their phones during class.
만약 학생들이 학교에 휴대폰을 가져온다면, 그들은 수업 시간에도 휴대폰을 확인할 것입니다.

If so, they cannot focus on their class.
그렇다면, 그들은 수업에 집중할 수 없게 됩니다.

Also, they are less likely to study and get good grades.
그리고, 열심히 공부하여 좋은 성적을 받지 못하게 될 것입니다.

근거 2 건강에 부정적 – 운동 부족

Also, if students bring their phones to school, they are less likely to move around, which can be bad for their health.
또한, 만약 학생들이 학교에 휴대폰을 가져온다면, 그들은 덜 돌아다니게 될 것이며, 이것은 건강에 좋지 않을 수 있습니다.

Students should spend a lot of time doing physical activities
학생들은 신체 활동에 많은 시간을 할애해야 합니다

because staying healthy is important in school life.
왜냐하면 학교생활에서 건강을 유지하는 것은 중요하기 때문입니다.

KEY EXPRESSIONS

- check one's phone
  휴대전화를 확인하다
- focus on one's class
  수업에 집중하다
- move around
  돌아다니다, 이동하다
- spend time on~
  ~에 시간을 쓰다
- physical activities
  신체 활동
- stay healthy
  건강을 유지하다

▸ 교육 - 일 경험에 대한 견해

긍정적 → 근거 실무 경험과 책임감 향상

근거 1 실무 경험

If students get work experience, they can get hands-on experience while working.
만약 학생들이 일 경험을 얻게 되면, 일하면서 실무 경험을 할 수 있게 됩니다.

If so, students will be motivated to study harder.
그렇다면, 학생들은 더 열심히 공부할 수 있도록 동기부여가 될 것입니다.

If they study harder, they are more likely to get better grades.
그들이 더 열심히 공부하면, 더 좋은 성적을 받게 될 것입니다.

근거 2 책임감 향상

Also, if students get work experience, they can learn about time management while working.
또한, 만약 학생들이 일 경험을 얻게 된다면, 그들은 일하면서 시간 관리를 배울 수 있습니다.

Plus, they can develop a sense of responsibility.
추가적으로, 그들은 책임감을 기를 수 있습니다.

That way, students will be more qualified for a better job.
그렇게 되면, 학생들은 더 나은 일자리를 얻을 자격이 생기게 될 것입니다.

KEY EXPRESSIONS

- get work experience
  일 경험을 얻다
- get hands-on experience
  실무 경험을 하다
- learn about time management
  시간 관리를 배우다
- develop a sense of responsibility
  책임감을 기르다
- be qualified for
  ~에 자격이 생기다
- a better job
  더 나은 일자리

▸ 직무 - 직원 역량에 대한 견해

긍정적 → 근거 원활한 커뮤니케이션과 팀워크 향상

근거 1 원활한 커뮤니케이션

If employees have good social skills, they can communicate better with their coworkers.
만약 직원들의 사회성 기술이 뛰어나면, 그들은 직장 동료들과 더 원활하게 소통할 수 있습니다.

If so, their team can work in a friendly atmosphere.
그러면 팀원들이 화기애애한 분위기에서 일할 수 있습니다.

Plus, their team will be motivated to work harder.
그리고 팀원들이 더 열심히 일하도록 동기부여가 될 것입니다.

That way, they can get better results at work.
그렇게 되면, 더 좋은 업무 성과를 낼 수 있습니다.

근거 2 팀워크 향상

Also, if employees have good social skills, they can build better chemistry with their coworkers.
또한, 만약 직원들의 사회성 기술이 뛰어나면, 그들은 동료들과 호흡을 더 잘 맞출 수 있습니다.

Better chemistry brings better teamwork.
동료들 간의 호흡은 더 좋은 팀워크를 가져다줍니다.

Also, better teamwork makes work easier and less time-consuming.
또한, 더 좋은 팀워크는 업무를 쉽게 만들어 주고 시간이 덜 들게 합니다.

So, they can work more efficiently.
그러므로, 그들은 더 효율적으로 일할 수 있습니다.

KEY EXPRESSIONS

- communicate better
  원활하게 소통하다
- work in a friendly atmosphere
  화기애애한 분위기에서 일하다
- get better results at work
  더 나은 업무 성과를 얻다
- build chemistry
  호흡을 맞추다
- bring teamwork
  팀워크를 가져다주다
- easier and less time-consuming
  쉽고 시간이 덜 드는
- work efficiently
  효율적으로 일하다

직무 - 회사 환경에 대한 견해

긍정적 → 근거 안정성 보장과 우수한 복지 보장

근거 1 안정성 보장

If a company has a long history, employees are more likely to work in a stable environment.
만약 오래된 회사라면, 직원들이 안정적인 환경에서 일할 가능성이 높습니다.

Working at a stable company makes people feel more secure.
안정적인 회사에서 일한다는 것은 직원들이 더 안정감을 느낄 수 있도록 합니다.

If they feel secure, they will work longer for their company.
그들이 안정감을 느낀다면, 소속된 회사에서 더 오래 일할 것입니다.

근거 2 우수한 복지 보장

Also, if a company has a long history, the employees can get better benefits.
또한, 만약 회사가 오래되었다면, 직원들은 더 나은 복지 혜택을 받을 수 있습니다.

If so, they will be motivated to work harder.
그렇다면, 그들은 더 열심히 일할 수 있도록 동기부여가 될 것입니다.

I think good benefits are important for employees at work.
좋은 복지 혜택은 직장에서 직원들에게 중요하다고 생각합니다.

KEY EXPRESSIONS

- stable company
  안정적인 회사
- feel secure
  안정감을 느끼다
- work longer
  더 오래 일하다
- get better benefits
  더 나은 복지혜택을 얻다
- work harder
  더 열심히 일하다
- good benefits
  우수한 복지

직무 - 업무 공간에 대한 견해

긍정적 → 근거 빠른 의사소통과 팀워크 향상

근거 1 빠른 의사소통

If you share workspaces with your coworkers, you can ask questions right away on the spot.
만약 동료들과 업무 공간을 공유하게 되면, 그 자리에서 바로 질문을 할 수 있습니다.

That way, you can get quick answers.
그렇게 하면, 빠른 답을 얻을 수 있습니다.

You are more likely to communicate efficiently with them.
동료들과 보다 더 효율적으로 소통할 수 있게 됩니다.

근거 2 팀워크 향상

Also, if you share workspaces with your coworkers, you can build better chemistry with them.
또한, 만약 동료들과 업무 공간을 공유하게 되면, 그들과 더 호흡을 잘 맞출 수 있습니다.

Better chemistry brings better teamwork.
동료들 간의 호흡은 더 좋은 팀워크를 가져다줍니다.

Also, better teamwork makes work easier and less time-consuming.
또한, 더 좋은 팀워크는 업무를 쉽고 시간이 덜 들게 만들어 줍니다.

Then, people can work more efficiently.
그러면, 더 효율적으로 일할 수 있습니다.

KEY EXPRESSIONS

- share workspace
  업무 공간을 공유하다
- right away on the spot
  그 자리에서 당장
- communicate efficiently
  효율적으로 소통하다
- build chemistry
  호흡을 맞추다
- bring teamwork
  팀워크를 가져다주다
- make work less time-consuming
  업무에 시간이 덜 들게 하다

▸ **일반 - 정보를 얻는 방법에 대한 견해**

긍정적 → 근거 솔직한 정보 제공과 상세 정보 제공

근거 1 솔직한 정보 제공

If you read the reviews written by actual customers, you can get useful information.
만약 실제 소비자들이 작성한 후기를 읽으면, 유용한 정보를 얻을 수 있습니다.

Actual customers have experience of using a certain product.
실제 소비자들은 특정 상품을 사용해 본 경험이 있습니다.

So, they will be knowledgeable about that product.
그러므로, 그들은 그 상품에 대한 지식이 많을 것입니다.

근거 2 상세 정보 제공

Also, if you read product reviews, you can get detailed information about a product.
또한, 만약 상품 후기를 읽으면, 상품에 대한 상세한 정보를 얻을 수 있습니다.

That way, you can decide whether or not to buy the product quickly.
그렇게 되면, 상품을 구매할지 말지 여부를 빠르게 결정할 수 있습니다.

So, you can save time and energy when you shop for something.
그래서, 무언가를 구매할 때 시간과 에너지를 절약할 수 있습니다.

KEY EXPRESSIONS

- actual customers
  실제 소비자들
- useful information
  유용한 정보
- have experience of
  ~에 대한 경험이 있다
- knowledgeable about a product
  상품에 대한 지식이 많은
- detailed information
  상세한 정보
- decide quickly
  빠르게 결정하다
- save time and energy
  시간과 에너지를 절약하다

▸ **일반 - 여가생활에 대한 견해**

긍정적 → 근거 다양한 분야의 지식 학습과 스트레스 해소

근거 1 다양한 분야의 지식 학습

If you watch TV, you can learn something new.
만약 TV를 시청하면, 새로운 것을 배울 수 있습니다.

You can become knowledgeable about various fields.
다양한 분야에 대해 잘 알게 될 수 있습니다.

That's because there are many kinds of TV programs these days.
왜냐하면 요즘에는 다양한 TV 프로그램들이 있기 때문입니다.

Learning various things will also make you become more creative.
다양한 것들을 배우는 것은 당신을 또한 더욱 창의적인 사람으로 만들 수 있습니다.

I think being creative is important in our lives.
삶을 살아가는 데 있어서 창의적인 사람이 되는 것은 중요하다고 생각합니다.

근거 2 스트레스 해소

Also, if you watch TV, you can relieve stress because it is fun.
또한, 만약 TV를 시청하면, 재미있기 때문에 스트레스를 해소할 수 있습니다.

Relieving stress will improve your quality of life.
스트레스를 해소하는 것은 삶의 질을 향상시켜 줄 것입니다.

That way, you will be motivated in what you do.
그러면 매사 하는 일에 의욕이 생길 것입니다.

KEY EXPRESSIONS

- learn something new
  새로운 것을 배우다
- become knowledgeable
  ~에 대해 잘 알게 되다
- various fields
  다양한 분야
- become creative
  창의적인 사람이 되다
- relieve stress
  스트레스를 해소하다
- ~ is fun
  ~는 즐겁다
- improve one's quality of life
  삶의 질을 향상시키다

◀◀◀ 1 ▶▶▶ 교육 - 특정 학습에 대한 견해

STEP 1 문제 유형 파악 및 입장 선택하기

Q Do you agree or disagree with the statement?
"Schools need to encourage high school students to learn how to play a musical instrument."
Give reasons or examples to support your opinion.
아래의 진술에 동의합니까 미동의합니까?
학교는 "고등학생들이 악기 연주를 배우도록 권장해야 한다."
의견을 뒷받침할 이유나 예시를 제시하여 주세요.

메모

- **문제 유형** : 동의/미동의 선택 문제
- **입장 선택** : 동의

요지 : 고등학교는 학생들의 악기 연주를 권장해야 한다.
근거 : 학업 스트레스 해소 / 지식 습득, 창의력 계발

STEP 2 모범 답변 학습하기 P5_01

입장 제시	I support the idea that schools need to encourage high school students to learn to play a musical instrument. 저는 고등학생들이 악기 연주법을 배울 수 있도록 학교 측에서 권장해야 한다는 생각에 동의합니다.
근거 1 학업 스트레스 해소	If students learn how to play a musical instrument, they can relieve stress because it is fun. 학생들이 악기 연주하는 법을 배운다면, 재미있기 때문에 스트레스를 해소할 수 있습니다. If so, students will be motivated to study harder. 그렇다면, 학생들은 더 열심히 공부할 수 있도록 동기부여가 될 것입니다. If they study harder, they are more likely to get better grades. 만약 그들이 더 열심히 공부하면, 더 좋은 성적을 받게 될 것입니다.
근거 2 지식 습득, 창의력 계발	Also, if students learn how to play a musical instrument, they will become more knowledgeable about music. 또한, 만약 학생들이 악기 연주하는 법을 배운다면, 그들은 음악에 관하여 더 잘 알게 될 것입니다. That way, they will become more creative. I think being creative is important for students. 그렇게 되면, 그들은 더 창의적인 사람이 될 것입니다. 창의력 계발은 학생들에게 중요하다고 생각합니다.
마무리	So, this my opinion about the statement. 그러므로, 이것이 서술된 질문에 대한 저의 의견입니다.

STEP 3 모범 답변 복습하기 P5_01

Q Do you agree or disagree with the statement?
"Schools need to encourage high school students to learn how to play a musical instrument."
Give reasons or examples to support your opinion.

입장 제시	I (a) 동의하다 the idea that schools need to encourage high school students to learn to play a musical instrument.
근거 1	If students learn how to play a musical instrument, they can (b) 해소하다 stress because it is (c) 재미있는 . If so, students will be (d) 동기부여가 되는 to study (e) 더 열심히 . If they study (f) 더 열심히 , they are more likely to (g) 받다 better grades.
근거 2	(h) 또한 , if students learn how to play a musical instrument, they will become more (i) 잘 아는 about music. That way, they will become more (j) 창의적인 . I think (k) ~임 creative is important for students.
마무리	So, this my (l) 의견 about the statement.

정답 (a) support (b) relieve (c) fun (d) motivated (e) harder (f) harder (g) get (h) Also (i) knowledgeable (j) creative (k) being (l) opinion

+ Plus Question 아래 질문에 답변해 보세요. P5_02 모범답변 P192

Q What are some advantages of offering classes that teach students how to cook at school? Give reasons or examples to support your opinion.

메모

- 문제 유형 ____________ 요지 ____________
- 입장 선택 ____________ 근거 ____________

2 교육 - 학업 영향 요소에 대한 견해

STEP 1 문제 유형 파악 및 입장 선택하기

Q Do you agree or disagree with the statement?
"Students should be allowed to bring their cell phones to school."
Give reasons or examples to support your opinion.
아래의 진술에 동의합니까 미동의합니까?
"학생들이 학교에 휴대폰을 가져올 수 있도록 허락되어야 한다."
의견을 뒷받침할 이유나 예시를 제시하여 주세요.

메모

- **문제 유형** : 동의/미동의 선택 문제
- **입장 선택** : 미동의

요지 : 학교에서 휴대폰 소지를 허락해야 한다.
근거 : 학업 집중력 저하 / 운동 부족으로 인한 건강 저하

STEP 2 모범 답변 학습하기 P5_03

입장 제시	I support the idea that students should not be allowed to bring their cell phones to school. 저는 학생들이 학교에 휴대폰을 가져오도록 허락되지 않아야 한다고 생각합니다.
근거 1 집중력 저하	If students bring their phones to school, they will check their phones during class. 만약 학생들이 학교에 휴대폰을 가져온다면, 그들은 수업 시간에도 휴대폰을 확인할 것입니다. If so, they cannot focus on their class. 그렇다면, 그들은 수업에 집중할 수 없게 됩니다. Also, they are less likely to study and get good grades. 그리고, 열심히 공부하여 좋은 성적을 받지 못하게 될 것입니다.
근거 2 운동 부족	Also, if students bring their phones to school, they are less likely to move around, which can be bad for their health. 또한, 만약 학생들이 학교에 휴대폰을 가져온다면, 그들은 덜 돌아다니게 될 것이며, 이것은 건강에 좋지 않을 수 있습니다. Students should spend a lot of time on physical activities 학생들은 신체 활동에 많은 시간을 할애해야 합니다. because staying healthy is important in school life. 왜냐하면 학교생활에서 건강을 유지하는 것은 중요하기 때문입니다.
마무리	So, this my opinion about the statement. 그러므로, 이것이 서술된 질문에 대한 저의 의견입니다.

STEP 3 모범 답변 복습하기 P5_03

Q Do you agree or disagree with the statement?
"Students should be allowed to bring their cell phones to school."
Give reasons or examples to support your opinion.

입장 제시	I support the idea that students should not be (a) 허락되지 to bring their cell phones to school.
근거 1	If students bring their phones to school, they will (b) 확인하다 their phones during class. If so, they (c) ~할 수 없다 focus (d) ~에 their class. Also, they are (e) 덜 likely to study and get (f) 좋은 grades.
근거 2	Also, if students bring their phones to school, they are less likely to move (g) 주위에, which can be bad for their health. Students should (h) (시간을) 보내다 a lot of time on (i) 신체의 activities because (j) 유지하는 것 healthy is important in school (k) 생활.
마무리	So, this my opinion about the statement.

정답 (a) allowed (b) check (c) cannot (d) on (e) less (f) good (g) around (h) spend (i) physical (j) staying (k) life

+ Plus Question 아래 질문에 답변해 보세요. P5_04 모범답변 P193

Q Do you think it is good for students to participate in outdoor activities at school? Why or Why not? Give reasons or examples to support your opinion.

메모

▸ 문제 유형 ____________ 요지 ____________

▸ 입장 선택 ____________ 근거 ____________

유형편

3 교육 - 일 경험에 대한 견해

STEP 1 문제 유형 파악 및 입장 선택하기

Q Do you agree or disagree with the statement?
"Schools need to encourage university students to get work experience."
Give reasons or examples to support your opinion.
아래의 진술에 동의합니까 미동의합니까?
"대학생들이 일 경험을 얻을 수 있도록 학교에서 장려해야 한다."
의견을 뒷받침할 이유나 예시를 제시하여 주세요.

메모

- **문제 유형** : 동의/미동의 선택 문제
- **입장 선택** : 동의

요지 : 대학교에서 학생들의 일 경험을 장려해야 한다.
근거 : 실무 경험 / 책임감 향상

STEP 2 모범 답변 학습하기 P5_05

입장 제시	I support the idea that there are several advantages of getting work experience for university students. 저는 대학생들이 일 경험을 얻는 것에 몇 가지 장점이 있다는 생각에 동의합니다.
근거 1 실무 경험	If students get work experience, they can get hands-on experience while working. 만약 학생들이 일 경험을 얻게 되면, 일하면서 실무 경험을 할 수 있게 됩니다. If so, students will be motivated to study harder. 그렇다면, 학생들은 더 열심히 공부할 수 있도록 동기부여가 될 것입니다. If they study harder, they are more likely to get better grades. 그들이 더 열심히 공부하면, 더 좋은 성적을 받게 될 것입니다.
근거 2 책임감 향상	Also, if students get work experience, they can learn about time management while working. 또한, 만약 학생들이 일 경험을 얻게 된다면, 그들은 일하면서 시간 관리를 배울 수 있습니다. Plus, they can develop a sense of responsibility. 추가적으로, 그들은 책임감을 기를 수 있습니다. That way, students will be more qualified for a better job. 그렇게 되면, 학생들은 더 나은 일자리를 얻을 자격이 생기게 될 것입니다
마무리	So, this my opinion about the statement. 그러므로, 이것이 서술된 질문에 대한 저의 의견입니다.

STEP 3 모범 답변 복습하기 P5_05

Q Do you agree or disagree with the statement?
"Schools need to encourage university students to get work experience."
Give reasons or examples to support your opinion.

입장 제시	I support the idea that there are several advantages of getting work experience for university students.
근거 1	If students (a) 얻다 work experience, they can get (b) 실무의 experience (c) ~하면서 working. If (d) 그렇다면, students will be (e) 동기부여가 되는 to study harder. If they study harder, they are more (f) ~할 것이다 to get better (g) 성적 .
근거 2	Also, if students get (h) 일 experience, they can (i) 배우다 about time (j) 관리 while working. Plus, they can develop a (k) 감각 of (l) 책임 . That way, students will be more (m) 자격을 갖춘 for a better job.
마무리	So, this my opinion about the statement.

정답 (a) get (b) hands-on (c) while (d) so (e) motivated (f) likely (g) grades (h) work (i) learn (j) management (k) sense (l) responsibility (l) qualified

+ Plus Question 아래 질문에 답변해 보세요. P5_06 모범답변 P194

Q Do you agree or disagree with the following statement?
"Students should spend their vacations volunteering in their community."
Give reasons or examples to support your opinion.

메모

▸ 문제 유형 ____________ 요지 ____________

▸ 입장 선택 ____________ 근거 ____________

Q 11

유형편

4 직무 - 직원 역량에 대한 견해

STEP 1 문제 유형 파악 및 입장 선택하기

Q Which do you think contributes more to an employee's success: having time management skills or having good social skills? Why?
Use specific reasons or examples to support your opinion.
시간 관리 기술과 사회성 기술 중 직원의 성공에 어떤 요소가 더 기여한다고 생각합니까? 왜입니까?
의견을 뒷받침할 명확한 이유나 예시를 제시하여 주세요.

메모

- **문제 유형** : 양자택일 문제
- **입장 선택** : 사회성 기술

요지 : 직원의 성공에 어떤 요소가 더 도움이 되는가
근거 : 원활한 커뮤니케이션 / 팀워크 향상

STEP 2 모범 답변 학습하기 P5_07

입장 제시	I support the idea that having good social skills contributes more to an employee's success. 저는 사회성 기술이 뛰어난 것이 직원의 성공에 더 기여한다는 생각에 동의합니다.
근거 1 원활한 커뮤니케이션	If employees have good social skills, they can communicate better with their coworkers. 만약 직원들의 사회성 기술이 뛰어나면, 그들은 직장동료들과 더 원활하게 소통할 수 있습니다. If so, their team can work in a friendly atmosphere. 그러면 팀원들이 화기애애한 분위기에서 일할 수 있습니다 Plus, their team will be motivated to work harder. 그리고 팀원들이 더 열심히 일하도록 동기부여가 될 것입니다. That way, they can get better results at work. 그렇게 되면, 더 좋은 업무 성과를 낼 수 있습니다.
근거 2 팀워크 향상	Also, if employees have good social skills, they can build better chemistry with their coworkers. 또한, 만약 직원들의 사회성 기술이 뛰어나면, 그들은 동료들과 호흡을 더 잘 맞출 수 있습니다. Better chemistry brings better teamwork. 동료들 간의 호흡은 더 좋은 팀워크를 가져다줍니다. Also, better teamwork makes work easier and less time-consuming. 또한, 더 좋은 팀워크는 업무를 쉽게 만들어 주고 시간이 덜 들게 합니다. So, they can work more efficiently. 그러므로, 그들은 더 효율적으로 일할 수 있습니다.
마무리	So, this my opinion about the statement. 그러므로, 이것이 서술된 질문에 대한 저의 의견입니다.

STEP 3 모범 답변 복습하기 P5_07

Q Which do you think contributes more to an employee's success: having time management skills or having good social skills? Why?
Use specific reasons or examples to support your opinion.

입장 제시	I support the idea (a) ~라는 having good social skills contributes more to an employee's success.
근거 1	If (b) 직원들 have good social skills, they can (c) 소통하다 better with their (d) 동료들 . If so, their team can work in a (e) 화기애애한 atmosphere. Plus, their team will be motivated to work (f) 더 열심히 . (g) 그러한 way, they can get better (h) 결과 at work.
근거 2	Also, if employees have good social skills, they can (i) 쌓다 better (j) 케미 with their coworkers. Better chemistry (k) 가져다 주다 better (l) 팀워크 . Also, better teamwork makes work (m) 더 쉽게 and less (n) 시간이 드는 . So, they can work more (o) 효율적으로 .
마무리	So, this my opinion about the statement.

정답 (a) that (b) employees (c) communicate (d) coworkers (e) friendly (f) harder (g) That (h) results (i) build (j) chemistry (k) brings (l) teamwork (m) easier (n) time-consuming (o) efficiently

Plus Question 아래 질문에 답변해 보세요. P5_08 모범답변 P195

Q Do you think it is sometimes important to display a sense of humor at work? Why or Why not?
Give reasons or examples to support your opinion.

메모

▸ 문제 유형 ________ 요지 ________

▸ 입장 선택 ________ 근거 ________

5 직무 - 회사 환경에 대한 견해

STEP 1 문제 유형 파악 및 입장 선택하기

Q Do you agree or disagree with the statement?
"It is important to consider how old the company is when deciding whether to take a job offer."
Give reasons or examples to support your opinion.

아래의 진술에 동의합니까 미동의합니까?
"근무 제의를 받아들일지 결정할 때 회사가 얼마나 오래되었는지 고려하는 것은 중요하다"
의견을 뒷받침할 이유나 예시를 제시하여 주세요.

메모

- **문제 유형** : 동의/미동의 선택 문제
- **입장 선택** : 동의

요지 : 근무 제의를 받았을 때 회사가 오래되었는지 고려해야 한다.
근거 : 안정성 보장 / 우수한 복지 보장

STEP 2 모범 답변 학습하기 P5_09

입장 제시	I support the idea that it is important to consider how old the company is. 저는 회사가 얼마나 오래되었는지 고려해야 한다는 생각에 동의합니다.
근거 1 안정설 보장	If a company has a long history, employees are more likely to work in a stable environment. 만약 오래된 회사라면, 직원들이 안정적인 환경에서 일할 가능성이 높습니다. Working at a stable company makes people feel more secure. 안정적인 회사에서 일한다는 것은 직원들이 더 안정감을 느낄 수 있도록 합니다. If they feel secure, they will work longer for their company. 그들이 안정감을 느낀다면, 소속된 회사에서 더 오래 일할 것입니다.
근거 2 우수한 복지 보장	Also, if a company has a long history, employees can get better benefits. 또한, 만약 회사가 오래되었다면, 직원들은 더 나은 복지 혜택을 받을 수 있습니다. If so, they will be motivated to work harder. 그렇다면, 그들은 더 열심히 일할 수 있도록 동기부여가 될 것입니다. I think good benefits are important for employees at work. 좋은 복지 혜택은 직장에서 직원들에게 중요하다고 생각합니다.
마무리	So, this my opinion about the statement. 그러므로, 이것이 서술된 질문에 대한 저의 의견입니다.

STEP 3 모범 답변 복습하기 P5_09

Q Do you agree or disagree with the statement?
"It is important to consider how old the company is when deciding whether to take a job offer."
Give reasons or examples to support your opinion.

입장 제시	I support the idea that it is important to (a) 고려하다 how old the company is.
근거 1	If a company (b) 가지고 있다 a long history, employees are more likely to work in a stable (c) 환경 . (d) 일한다는 것 at a stable company makes people feel more (e) 안정적인 . If they feel secure, they will work (f) 더 오래 for their the company.
근거 2	Also, if a company has a long history, employees can get better (g) 복지 혜택 . If so, they will (h) ~되다 motivated to work harder. I think (i) 좋은 benefits are (j) 중요한 for (k) 직원들 at work.
마무리	So, this my opinion about the statement.

정답 (a) consider (b) has (c) environment (d) Working (e) secure (f) longer (g) benefits (h) be (i) good (j) important (k) employees

+ Plus Question 아래 질문에 답변해 보세요. P5_10 모범답변 P196

Q Would you prefer to work at a small company or a large company? Why?
Give reasons or examples to support your opinion.

메모

▸ 문제 유형 ______________________ 요지 ______________________

▸ 입장 선택 ______________________ 근거 ______________________

Q11

직무 - 업무 공간에 대한 견해

STEP 1 문제 유형 파악 및 입장 선택하기

Q Do you agree or disagree with the following statement?
"Sharing workspaces with coworkers is better than working in a private office alone."
Give reasons or examples to support your opinion.
아래의 진술에 동의합니까 미동의합니까?
"업무 공간을 동료들과 공유하는 것이 개인 사무실에서 혼자 일하는 것보다 좋다."
의견을 뒷받침할 이유나 예시를 제시하여 주세요.

메모

- **문제 유형** : 동의/미동의 선택 문제
- **입장 선택** : 동의

요지 : 동료들과 업무 공간을 공유하는 편이 좋다.
근거 : 빠른 의사소통 / 팀워크 향상

STEP 2 모범 답변 학습하기 P5_11

입장 제시	I support the idea that sharing workspaces with coworkers is better. 저는 동료들과 업무 공간을 공유하는 것이 더 낫다는 생각에 동의합니다.
근거 1 빠른 의사소통	[빠른 의사소통] If you share workspaces with your coworkers, you can ask questions right away on the spot. 만약 동료들과 업무 공간을 공유하게 되면, 그 자리에서 바로 질문을 할 수 있습니다. That way, you can get quick answers. 그렇게 하면, 빠른 답을 얻을 수 있습니다. You are more likely to communicate efficiently with them. 동료들과 보다 더 효율적으로 소통할 수 있게 됩니다.
근거 2 팀워크 향상	[팀워크 향상] Also, if you share workspaces with your coworkers, you can build better chemistry with them. 또한, 만약 동료들과 업무 공간을 공유하게 되면, 그들과 더 호흡을 잘 맞출 수 있습니다. Better chemistry brings better teamwork. 동료들 간의 호흡은 더 좋은 팀워크를 가져다줍니다. Also, better teamwork makes work easier and less time-consuming. 또한, 더 좋은 팀워크는 업무를 쉽고 시간이 덜 들게 만들어 줍니다. Then, people can work more efficiently. 그러면, 더 효율적으로 일할 수 있습니다.
마무리	So, this my opinion about the statement. 그러므로, 이것이 서술된 질문에 대한 저의 의견입니다.

STEP 3 모범 답변 복습하기 P5_11

Q Do you agree or disagree with the following statement?
"Sharing workspaces with coworkers is better than working in a private office alone."
Give reasons or examples to support your opinion.

입장 제시	I support the idea that sharing workspaces with coworkers is better.
근거 1	If you share workspaces with your coworkers, you can (a) 질문하다 questions right (b) 바로 on the (c) 그 자리. That way, you can get (d) 빠른 answers. You are more likely to (e) 소통하다 efficiently with them.
근거 2	Also, if you share workspaces with your coworkers, you can build better chemistry with them. Better (f) 케미 brings (g) 더 좋은 teamwork. Also, better teamwork (h) (~하게) 만들다 work easier and less (i) 시간이 드는. Then, people can (j) 일하다 more efficiently.
마무리	So, this my opinion (k) ~에 대한 the statement.

정답 (a) ask (b) away (c) spot (d) quick (e) communicate (f) chemistry (g) better (h) makes (i) time-consuming (j) work (k) about

Plus Question 아래 질문에 답변해 보세요. P5_12 모범답변 P197

Q Is it better to communicate face-to-face or by sending email when you need to communicate with your coworkers? Why?
Give reasons or examples to support your opinion.

메모

- 문제 유형 ____________ 요지 ____________
- 입장 선택 ____________ 근거 ____________

Q 11

7 일반 - 정보를 얻는 방법에 대한 견해

STEP 1 문제 유형 파악 및 입장 선택하기

Q Do you think it is good to read product reviews written by customers before buying a certain product?
Give specific reasons or examples to support your opinion.
특정 상품을 구매하기 전에 소비자가 작성한 상품 후기를 읽어 보는 게 좋다고 생각합니까?
의견을 뒷받침할 명확한 이유나 예시를 제시하여 주세요.

메모

- **문제 유형** : 주관식
- **입장 선택** : 읽어야 한다

요지 : 상품 구매 전 소비자 후기를 읽어 보아야 한다.
근거 : 솔직한 정보 제공 / 상세 정보 제공

STEP 2 모범 답변 학습하기 P5_13

입장 제시	I support the idea that it is good to read product reviews written by customers. 저는 소비자들이 작성한 상품 후기를 읽어 보는 것이 좋다는 생각에 동의합니다.
근거 1 솔직한 정보 제공	If you read the reviews written by actual customers, you can get useful information. 만약 실제 소비자들이 작성한 후기를 읽으면, 유용한 정보를 얻을 수 있습니다. Actual customers have experience of using a certain product. 실제 소비자들은 특정 상품을 사용해 본 경험이 있습니다. So, they will be knowledgeable about that product. 그러므로, 그들은 그 상품에 대한 지식이 많을 것입니다.
근거 2 상세 정보 제공	Also, if you read product reviews, you can get detailed information about a product. 또한, 만약 상품 후기를 읽으면, 상품에 대한 상세한 정보를 얻을 수 있습니다 That way, you can decide whether or not to buy the product quickly. 그렇게 되면, 상품을 구매할지 말지 여부를 빠르게 결정할 수 있습니다. Then, you can save time and energy when you shop for something. 그래서, 무언가를 구매할 때 시간과 에너지를 절약할 수 있습니다.
마무리	So, this my opinion about the statement. 그러므로, 이것이 서술된 질문에 대한 저의 의견입니다.

STEP 3 모범 답변 복습하기 P5_13

Q Do you think it is good to read product reviews written by customers before buying a certain product?
Give specific reasons or examples to support your opinion.

입장 제시	I support the idea that it is good to read product reviews written by customers.
근거 1	If you read the reviews written by (a) 실제의 customers, you can get (b) 유용한 information. Actual customers have (c) 경험 of using a (d) 특정한 product. So, they will be (e) 잘 아는 about that product.
근거 2	Also, if you read product reviews, you can get detailed information about a product. That way, you can decide (f) 할지 or (g) 말지 to buy the product quickly. Then, you can (h) 절약하다 time and energy when you (i) 구매하다 for something.
마무리	So, this my opinion about the statement.

정답 (a) actual (b) useful (c) experience (d) certain (e) knowledgeable (f) whether (g) not (h) save (i) shop

Plus Question 아래 질문에 답변해 보세요. P5_14 모범답변 P198

Q Which do you think is a better source of information about a product: talking to a salesperson or doing online research?
Give reasons or examples to support your opinion.

메모

▸ 문제 유형 ______________ 요지 ______________

▸ 입장 선택 ______________ 근거 ______________

유형편

8 일반 - 여가생활에 대한 견해

STEP 1 문제 유형 파악 및 입장 선택하기

Q Do you agree or disagree with the following statement?
"Watching TV is one of the best ways to spend free time."
Give reasons or examples to support your opinion.

아래의 진술에 동의합니까 미동의합니까?
"TV를 시청하는 것은 여가시간을 보내는 가장 좋은 방법 중 하나이다."
의견을 뒷받침할 이유나 예시를 제시하여 주세요.

메모

- **문제 유형** : 동의/미동의 선택 문제
- **입장 선택** : 동의

요지 : TV 시청은 훌륭한 여가 방법이다.
근거 : 다양한 분야의 지식 학습 / 스트레스 해소

STEP 2 모범 답변 학습하기 P5_15

입장 제시	I support the idea that watching TV is one of the best ways to spend free time. 저는 TV를 시청하는 것이 여가시간을 보내는 가장 좋은 방법 중 하나라는 생각에 동의합니다.
근거 1 다양한 분야의 지식 학습	If you watch TV, you can learn something new. 만약 TV를 시청하면, 새로운 것을 배울 수 있습니다. You can become knowledgeable about various fields. 다양한 분야에 대해 잘 알게 될 수 있습니다. That's because there are many kinds of TV programs these days. 왜냐하면 요즘에는 다양한 TV 프로그램들이 있기 때문입니다. Learning various things will also make you become more creative. 다양한 것들을 배우는 것은 당신을 또한 더욱 창의적인 사람으로 만들 수 있습니다. I think being creative is important in our lives. 삶을 살아가는 데 있어서 창의적인 사람이 되는 것은 중요하다고 생각합니다.
근거 2 흥미로 인한 스트레스 해소	Also, if you watch TV, you can relieve stress because it is fun. 또한, 만약 TV를 시청하면, 재미있기 때문에 스트레스를 해소할 수 있습니다. Relieving stress will improve your quality of life. 스트레스를 해소하는 것은 삶의 질을 향상시켜 줄 것입니다. That way, you will be motivated in what you do. 그러면 매사 하는 일에 의욕이 생길 것입니다.
마무리	So, this my opinion about the statement. 그러므로, 이것이 서술된 질문에 대한 저의 의견입니다.

STEP 3 모범 답변 복습하기 P5_15

Q Do you agree or disagree with the following statement?
"Watching TV is one of the best ways to spend free time."
Give reasons or examples to support your opinion.

입장 제시	I support the idea that watching TV is one of the best ways to spend free time.
근거 1	If you watch TV, you can learn (a) 어떤 것 new. You can (b) ~되다 knowledgeable about various (c) 분야들 . That's (d) 왜냐하면 there are many (e) 종류들 of TV programs (f) 요즘 days. (g) 배우는 것 various things will also make you become more (h) 창의적인 . I think (i) ~되는 것 creative is important in our lives.
근거 2	Also, if you watch TV, you can relieve (j) 스트레스 because it is (k) 재미있는 . Relieving stress will (l) 향상시키다 your (m) 질 of life. That way, you will be motivated in what you do.
마무리	So, this my opinion about the statement.

정답 (a) something (b) become (c) fields (d) because (e) kinds (f) these (g) Learning (h) creative (i) being (j) stress (k) fun (l) improve (m) quality

+ Plus Question 아래 질문에 답변해 보세요. P5_16 모범답변 P199

Q Do you think that it is good to have a hobby? Why or why not?
Give reasons or examples to support your opinion.

메모

- 문제 유형 ______________ 요지 ______________
- 입장 선택 ______________ 근거 ______________

Q 11

실전 파이널

TEST

Set 1

P5_17 모범답변 P200

TOEIC Speaking

Questions 11: Express an opinion

Directions:

In this part of the test, you will give your opinion about a specific topic. Be sure to say as much as you can in the time allowed. You will have 45 seconds to prepare. Then you will have 60 seconds to speak.

TOEIC Speaking **Question 11 of 11**

Q: Which of the following contributes the most to an employee's success at work?
- business skills
- communication skills
- time management skills

PREPARATION TIME
00 : 00 : 45

TOEIC Speaking **Question 11 of 11**

Q: Which of the following contributes the most to an employee's success at work?
- business skills
- communication skills
- time management skills

RESPONSE TIME
00 : 01 : 00

Set 2 P5_18 모범답변 P201

TOEIC Speaking

Questions 11: Express an opinion

Directions:

In this part of the test, you will give your opinion about a specific topic. Be sure to say as much as you can in the time allowed. You will have 45 seconds to prepare. Then you will have 60 seconds to speak.

TOEIC Speaking Question 11 of 11

Q: If you are planning to learn a hobby, would you take a class or just watch videos to learn that hobby? Why?

PREPARATION TIME
00 : 00 : 45

TOEIC Speaking Question 11 of 11

Q: If you are planning to learn a hobby, would you take a class or just watch videos to learn that hobby? Why?

RESPONSE TIME
00 : 01 : 00

모범 답변 ANSWER

전략 다지기 유형편 Plus Question

1 교육 - 특정 학습에 대한 견해 P5_02

Q What are some advantages of offering classes that teach students how to cook at school?
Give reasons or examples to support your opinion.

학교에서 학생들에게 요리를 가르치는 수업을 개설한다면 어떤 장점들이 있습니까? 의견을 뒷받침할 이유나 예시를 제시하여 주세요.

메모

- **문제 유형** 장점 **요지** 학생들에게 요리를 가르치는 것에 대한 장점
- **입장 선택** 장점 (다른 선택 불가) **근거** 학업 스트레스 해소/ 지식 습득, 창의력 계발

[입장 제시] I support the idea that there are several advantages of offering classes that teach students how to cook at school.

[근거 1] If students learn how to cook, they can relieve stress because cooking is fun. Then, students will be motivated to study harder. If they study harder, they are more likely to get better grades.

[근거 2] Also, if students learn how to cook, they will become more knowledgeable about cooking. That way, they will become more creative. I think being creative is important for students.

[마무리] So, this my opinion about the statement.

[입장 제시] 저는 학교에서 학생들에게 요리를 가르치는 수업을 제공하는 것에 대한 몇 가지 장점들이 있다는 생각에 동의합니다.

[근거 1] 만약 학생들이 요리를 배운다면, 재미있기 때문에 스트레스를 해소할 수 있습니다. 그렇다면, 학생들은 더 열심히 공부할 수 있도록 동기부여가 될 것입니다. 그들이 더 열심히 공부하면, 더 좋은 성적을 받게 될 것입니다.

[근거 2] 또한, 만약 학생들이 요리를 배운다면, 그들은 요리에 관하여 더 잘 알게 될 것입니다. 그렇게 되면, 그들은 더 창의적인 사람이 될 것입니다. 창의력 계발은 학생들에게 중요하다고 생각합니다.

[마무리] 그러므로, 이것이 서술된 질문에 대한 저의 의견입니다.

VOCA several 몇 가지의 | offering 제공하는

2 교육 - 학업 영향 요소에 대한 견해 P5_04

Q Do you think it is good for students to participate in outdoor activities at school? Why or Why not? Give reasons or examples to support your opinion.

학생들이 학교에서 야외 활동에 참가하는 것이 좋다고 생각합니까? 왜 그렇다고, 혹은 그렇지 않다고 생각합니까? 의견을 뒷받침할 이유나 예시를 제시하여 주세요.

메모

- **문제 유형** 주관식 **요지** 학생들의 야외 활동 참가 필요성
- **입장 선택** 좋다 **근거** 집중력 향상/ 건강 유지

[입장 제시] I support the idea that it is good for students to participate in outdoor activities at school.

[근거 1] If students do outdoor activities at school, it will help them stay in shape. If so, they can focus better on studying and If they focus on studying, they are more likely to study harder and get better grades.

[근거 2] Also, if students do outdoor activities at school, they are more likely to move around, which can be good for their health. Students should spend a lot of time on physical activities, because staying healthy is important in school life.

[마무리] So, this my opinion about the statement.

[입장 제시] 저는 학생들이 학교에서 야외 활동에 참가하는 것이 좋다는 생각에 동의합니다.

[근거 1] 만약 학생들이 학교에서 야회 활동을 하면 건강을 유지하는 데 도움이 될 것입니다. 그러면 학업에 더 집중할 수 있을 것이고 학업에 집중하면 더 열심히 공부해서 더 좋은 성적을 받을 가능성이 높아질 것입니다.

[근거 2] 또한, 만약 학생들이 학교에서 야외 활동을 하면 더 움직이게 될 것이고 이는 학생들의 건강에 좋을 것입니다. 학생들은 신체 활동에 많은 시간을 할애해야 합니다. 왜냐하면 학교생활에서 건강을 유지하는 것은 중요하기 때문입니다.

[마무리] 그러므로, 이것이 서술된 질문에 대한 저의 의견입니다.

VOCA outdoor activity 야외활동 | participate 참가하다 | stay in shape 건강을 유지하다

3 교육 - 일 경험에 대한 견해 P5_06

Q Do you agree or disagree with the following statement?
"Students should spend their vacations volunteering in their community."
Give reasons or examples to support your opinion.

아래의 진술에 동의합니까 미동의합니까?
"학생들은 방학을 지역 사회를 위해 봉사 활동을 하며 보내야 한다."
의견을 뒷받침할 이유나 예시를 제시하여 주세요.

메모

- 문제 유형 동의/미동의 선택 문제
- 요지 학생들은 방학 때 봉사활동을 하는 게 좋다
- 입장 선택 동의
- 근거 실무 경험/ 책임감 향상

[입장 제시] I support the idea that students should spend their vacation volunteering for their community.

[근거 1] If students do volunteer work, they can get hands-on experience while working. If so, students will be motivated to study harder. If they study harder, they are more likely to get better grades.

[근거 2] Also, if students do volunteer work, they can learn about time management while working. Plus, they can develop a sense of responsibility. That way, students will be more qualified for a better job.

[마무리] So, this my opinion about the statement.

[입장 제시] 저는 학생들이 방학을 지역 사회를 위해 봉사 활동을 하며 보내야 한다는 생각에 동의합니다.

[근거 1] 만약 학생들이 봉사 활동을 하게 되면, 실무 경험을 할 수 있게 됩니다. 그렇다면, 학생들은 더 열심히 공부할 수 있도록 동기부여가 될 것입니다. 그들이 더 열심히 공부하면, 더 좋은 성적을 받게 될 것입니다.

[근거 2] 또한, 만약 학생들이 봉사 활동을 하면, 그들은 일하면서 시간 관리를 배울 수 있습니다. 추가적으로, 그들은 책임감을 기를 수 있습니다. 그렇게 되면, 학생들은 더 나은 일자리를 얻을 자격이 생기게 될 것입니다

[마무리] 그러므로, 이것이 서술된 질문에 대한 저의 의견입니다.

VOCA volunteer 봉사하다

4 직무 - 직원 역량에 대한 견해 P5_08

Q Do you think it is sometimes important to display a sense of humor at work? Why or Why not?
Give reasons or examples to support your opinion.

회사에서 유머감각을 발휘하는 것이 때로는 중요하다고 생각합니까? 왜 그렇다고, 혹은 그렇지 않다고 생각합니까?
의견을 뒷받침할 이유나 예시를 제시하여 주세요.

메모

- **문제 유형** 주관식
- **입장 선택** 중요하다

요지 회사에서 유머감각을 발휘하는 것이 중요하다

근거 원활한 소통 / 팀워크 향상

[입장 제시] I support the idea that it is sometimes important to display a sense of humor at work.

[근거 1] If you have a good sense of humor, you can communicate better with your coworkers. If so, your team can work in a friendly atmosphere. Plus, your team will be motivated to work harder. That way, you can get better results at work.

[근거 2] Also, if you have a good sense of humor, you can build better chemistry with your coworkers. Better chemistry brings better teamwork. Also, better teamwork makes work easier and less time-consuming so you can work more efficiently.

[마무리] So, this my opinion about the statement.

[입장 제시] 저는 회사에서 유머감각을 발휘하는 것이 때로는 중요하다는 생각에 동의합니다.

[근거 1] 만약 당신이 유머감각이 좋으면, 직장 동료들과 더 원활하게 소통할 수 있습니다. 그러면 팀원들이 화기애애한 분위기에서 일할 수 있습니다. 그리고 팀원들이 더 열심히 일하도록 동기부여가 될 것입니다. 그렇게 되면, 더 좋은 업무 성과를 낼 수 있습니다.

[근거 2] 또한, 만약 당신이 유머감각이 좋으면, 동료들과 호흡을 더 잘 맞출 수 있습니다. 동료들 간의 호흡은 더 좋은 팀워크를 가져다줍니다. 또한, 더 좋은 팀워크는 업무를 쉽게 만들어 주고 시간이 덜 들게 합니다. 그러면 더 효율적으로 일할 수 있습니다.

[마무리] 그러므로, 이것이 서술된 질문에 대한 저의 의견입니다.

Q 11

VOCA display 발휘하다 | a sense of humor 유머감각

5 직무 – 회사 환경에 대한 견해 P5_10

Q Would you prefer to work at a small company or a large company? Why?
Give reasons or examples to support your opinion.

작은 회사와 큰 회사 중 어디에서 일하는 것을 선호하시겠습니까? 왜 그런가요? 의견을 뒷받침할 이유나 예시를 제시하여 주세요.

메모

- **문제 유형** 양자택일
- **입장 선택** 큰 회사 선호

요지 작은 회사와 큰 회사 중 선호하는 직장

근거 안정적 환경 / 우수한 직원 복지

[입장 제시] I support the idea that it is better to work at a large company.

[근거 1] If you work at a large company, you are more likely to work in a stable environment. Working at a stable company will make you feel more secure. If you feel secure, you will work longer for your company.

[근거 2] Also, if you work at a large company, you can get better benefits. If so, you will be motivated to work harder. I think good benefits are important for employees at work.

[마무리] So, this my opinion about the statement.

[입장 제시] 저는 큰 회사에서 일하는 것이 더 낫다는 생각에 동의합니다.

[근거 1] 만약 큰 회사에서 일하면, 안정적인 환경에서 일할 가능성이 높습니다. 안정적인 회사에서 일한다는 것은 더 안정감을 느낄 수 있도록 합니다. 안정감을 느끼면 소속된 회사에서 더 오래 일할 것입니다.

[근거 2] 또한, 만약 큰 회사에서 일하면, 더 나은 복지 혜택을 받을 수 있습니다. 그렇다면, 더 열심히 일할 수 있도록 동기부여가 될 것입니다. 좋은 복지 혜택은 직장에서 직원들에게 중요하다고 생각합니다.

[마무리] 그러므로, 이것이 서술된 질문에 대한 저의 의견입니다.

VOCA
large company 대기업

◀◀◀ 6 ▶▶▶ 직무 - 업무 공간에 대한 견해 P5_12

Q Is it better to communicate face-to-face or by sending email when you need to communicate with your coworkers? Why?
Give reasons or examples to support your opinion.

동료들과 소통해야 할 때 면대면으로 대화하는 것과 이메일을 보내는 것 중 어떤 방법이 더 좋습니까? 왜입니까?
의견을 뒷받침할 이유나 예시를 제시하여 주세요.

메모

- **문제 유형** 양자택일 **요지** 면대면 대화와 이메일 중 선호하는 동료들과의 소통 방식
- **입장 선택** 면대면 소통방식 선호 **근거** 효율적 소통 / 팀워크 향상

[입장 제시] I support the idea that it is better to communicate face-to-face when you need to communicate with your coworkers.

[근거 1] If you communicate face-to-face with your coworkers, you can ask questions right away on the spot. That way, you can get quick answers. You are more likely to communicate efficiently with them.

[근거 2] Also, if you communicate face-to-face with your coworkers, you can build better chemistry with them. Better chemistry brings better teamwork. Also, better teamwork makes work easier and less time-consuming. Then, you can work more efficiently.

[마무리] So, this my opinion about the statement.

[입장 제시] 저는 동료들과 소통해야 할 때 면대면으로 대화하는 것이 더 낫다는 생각에 동의합니다.

[근거 1] 만약 동료들과 면대면으로 대화하면, 그 자리에서 바로 질문을 할 수 있습니다. 그렇게 하면, 빠른 답을 얻을 수 있습니다. 동료들과 보다 더 효율적으로 소통할 수 있게 됩니다.

[근거 2] 또한, 만약 동료들과 면대면으로 대화하게 되면, 그들과 더 호흡을 잘 맞출 수 있습니다. 동료들 간의 호흡은 더 좋은 팀워크를 가져다줍니다. 또한, 더 좋은 팀워크는 업무를 쉽고 시간이 덜 들게 만들어 줍니다. 그러면, 더 효율적으로 일할 수 있습니다.

[마무리] 그러므로, 이것이 서술된 질문에 대한 저의 의견입니다.

Q 11

VOCA communicate 소통하다 | face-to-face 면대면의

◂◂◂ 7 ▸▸▸ 일반 – 정보를 얻는 방법에 대한 견해 P5_14

Q Which do you think is a better source of information about a product: talking to a salesperson or doing online research?
Give reasons or examples to support your opinion.

상품에 대한 정보를 얻는 방법으로 판매자와 이야기하는 것과 온라인으로 찾아보는 것 중 어떤 것이 더 좋다고 생각합니까? 의견을 뒷받침할 이유나 예시를 제시하여 주세요.

메모

- **문제 유형** 양자택일 **요지** 온라인 검색과 판매자와 대화 중 선호하는 상품 정보 습득 방법
- **입장 선택** 판매자 선호 **근거** 유용한 정보 습득 / 정확한 정보 습득

[입장 제시] I support the idea that talking to a salesperson is a better source of learning about a product.

[근거 1] If you talk to a salesperson, you can get useful information. That's because salespeople are more likely to have experience in using their products. So, they will be knowledgeable about their products.

[근거 2] Also, if you talk to a salesperson, you can get detailed information about a product. That way, you can decide whether or not to buy the product quickly. So, you can save time and energy when you shop for something.

[마무리] So, this my opinion about the statement.

[입장 제시] 저는 판매자와 이야기하는 것이 상품에 대한 정보를 얻는 더 나은 방법이라는 생각에 동의합니다.

[근거 1] 만약 판매자와 이야기하면, 유용한 정보를 얻을 수 있습니다. 왜냐하면 판매자들은 그들의 상품을 사용해 본 경험이 있을 확률이 높기 때문입니다. 그러므로, 그들은 상품에 대한 지식도 많을 것입니다.

[근거 2] 또한, 만약 판매자와 이야기하면 상품에 대한 상세한 정보를 얻을 수 있습니다. 그렇게 되면 상품을 구매할지 말지 여부를 빠르게 결정할 수 있습니다. 그래서 무언가를 구매할 때 시간과 에너지를 절약할 수 있습니다.

[마무리] 그러므로, 이것이 서술된 질문에 대한 저의 의견입니다.

VOCA source 출처 | salesperson 판매자

8 일반 – 여가생활에 대한 견해 P5_16

Q Do you think that it is good to have a hobby? Why or why not?
Give reasons or examples to support your opinion.

취미를 배우는 것이 좋다고 생각합니까? 왜 그렇다고, 혹은 그렇지 않다고 생각합니까?
의견을 뒷받침할 이유나 예시를 제시하여 주세요.

메모

▸ 문제 유형	주관식	요지	취미를 배우는 것은 좋다
▸ 입장 선택	좋다	근거	창의력 증진 / 스트레스 해소

[입장 제시] I support the idea that it is good to learn a hobby.

[근거 1] If you learn a hobby, you can learn something new. You can become knowledgeable about a certain field. Learning a hobby will also make you become more creative. I think being creative is important in our lives.

[근거 2] Also, if you learn a hobby, you can relieve stress because it is fun. Relieving stress will improve your quality of life. That way, you will be motivated in what you do.

[마무리] So, this my opinion about the statement.

[입장 제시] 저는 취미를 배우면 좋다는 생각에 동의합니다.

[근거 1] 만약 취미를 배우게 되면, 새로운 것을 배울 수 있습니다. 특정 분야에 대해 잘 알게 될 수 있습니다. 취미를 배우는 것은 당신을 또한 더욱 창의적인 사람으로 만들 수 있습니다. 삶을 살아가는 데 있어서 창의적인 사람이 되는 것은 중요하다고 생각합니다.

[근거 2] 또한, 만약 취미를 배우게 되면, 재미있기 때문에 스트레스를 해소할 수 있습니다. 스트레스를 해소하는 것은 삶의 질을 향상시켜 줄 것입니다. 그러면 매사 하는 일에 의욕이 생길 것입니다.

[마무리] 그러므로, 이것이 서술된 질문에 대한 저의 의견입니다.

Q11

VOCA hobby 취미

실전 파이널 TEST

SET 1

P5_17

Q Which of the following contributes the most to an employee's success at work?
- business skills
- communication skills
- time management skills

아래 중 어떤 요소가 회사에서 직원의 성공에 가장 많은 기여를 하는 것 같나요?
– 사업적 기술
– 소통 기술
– 시간 관리 기술

메모

- **문제 유형** 3중 택 1
- **입장 선택** 소통 기술

요지 직원의 성공에 가장 많이 기여하는 요소

근거 원활한 소통 / 팀워크 향상

[입장 제시] I support the idea that communication skills contribute the most to an employee's success at work.

[근거 1] If employees have good communication skills, they can communicate better with their coworkers. If so, their team can work in a friendly atmosphere. Plus, their team will be motivated to work harder. That way, they can get better results at work.

[근거 2] Also, if employees have good communication skills, they can build better chemistry with their coworkers. Better chemistry brings better teamwork. Also, better teamwork makes work easier and less time-consuming. So, they can work more efficiently.

[마무리] So, this my opinion about the statement.

[입장 제시] 저는 소통 기술이 회사에서 직원의 성공에 가장 많은 기여를 한다는 생각에 동의합니다.

[근거 1] 만약 직원들이 뛰어난 소통 기술을 갖고 있으면, 그들은 직장 동료들과 더 원활하게 소통할 수 있습니다. 그러면 팀원들이 화기애애한 분위기에서 일할 수 있습니다. 그리고 팀원들이 더 열심히 일하도록 동기부여가 될 것입니다. 그렇게 되면 좋은 업무 성과를 낼 수 있습니다.

[근거 2] 또한, 만약 직원들이 뛰어난 소통 기술을 갖고 있으면, 그들은 동료들과 호흡을 더 잘 맞출 수 있습니다. 동료들 간의 호흡은 더 좋은 팀워크를 가져다줍니다. 또한, 더 좋은 팀워크는 업무를 쉽게 만들어 주고 시간이 덜 들게 합니다. 그러므로, 그들은 더 효율적으로 일할 수 있습니다.

[마무리] 그러므로, 이것이 서술된 질문에 대한 저의 의견입니다.

VOCA contribute 기여하다 | success 성공

◀◀◀ SET 2 ▶▶▶ P5_18

Q If you are planning to learn a hobby, would you take a class or just watch videos to learn that hobby? Why?

취미를 배울 계획이 있다면, 그 취미를 배우기 위해 수업을 들을 건가요 아니면 그냥 영상을 시청할 것인가요? 왜 그런가요?

메모

- ▸ **문제 유형** 양자택일
- ▸ **입장 선택** 수업 듣기

요지 수업 수강과 영상 시청 중 선호하는 취미 학습 방법

근거 직접적 경험 / 사람들과 교류

[입장 제시] I support the idea that it is better to take a class to learn a hobby.

[근거 1] If you take a class, you can get more hands-on experience. Then, you will learn more things through that experience. That way, you can become more knowledgeable about that hobby.

[근거 2] Also, if you take a class, you can discuss what you learn with your classmates. That way, you are less likely to get bored. You will have more fun while developing that hobby. I think having fun is important when taking on a new hobby.

[마무리] So, this my opinion about the statement.

[입장 제시] 저는 취미를 배우기 위해 수업을 듣는 것이 더 낫다는 생각에 동의합니다.

[근거 1] 만약 수업을 들으면, 직접적인 경험을 더 많이 얻을 수 있습니다. 그러면 그러한 경험을 통해 더 많은 것을 배울 수 있을 것입니다. 그렇게 되면 그 취미에 대해 많은 지식을 얻게 될 수 있습니다.

[근거 2] 또한, 만약 수업을 들으면, 배우는 것에 대해 수강 동료들과 배운 내용에 대해 이야기를 나눌 수 있습니다. 그러면 덜 지루할 것입니다. 취미를 배우는 동안 훨씬 더 즐거울 것입니다. 새로운 취미를 배울 때 즐거움을 느끼는 것이 중요하다고 생각합니다.

[마무리] 그러므로, 이것이 서술된 질문에 대한 저의 의견입니다.

Q 11

VOCA take a class 수업을 수강하다

Note

Note

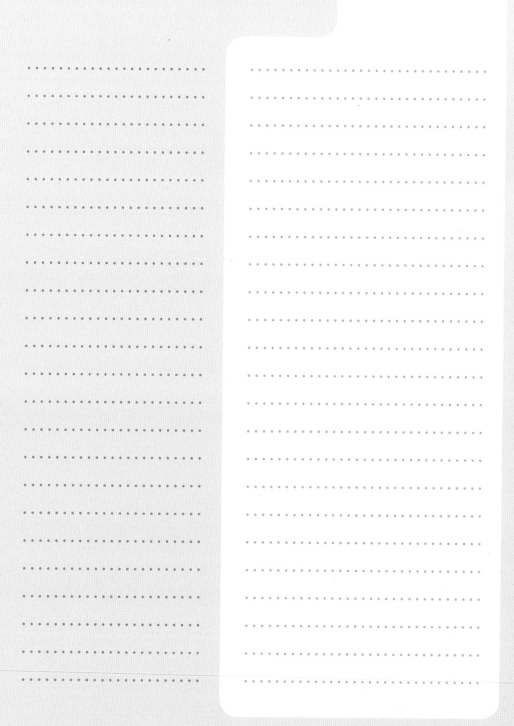

퀵 토익 스피킹 입문

초판 1쇄 발행 2022년 2월 19일
초판 2쇄 발행 2023년 12월 22일

지은이	김소라
발행인	임충배
홍보/마케팅	양경자
편집	김인숙
디자인	정은진
펴낸곳	도서출판 삼육오 (PUB.365)
제작	(주)피앤엠123

출판신고 2014년 4월 3일
등록번호 제406-2014-000035호

경기도 파주시 산남로 183-25
TEL 031-946-3196 / FAX 031-946-3171
홈페이지 www.pub365.co.kr

ISBN 979-11-90101-91-2 [13740]